U0687958

企业经营管理与数字经济发展研究

孟令燕◎著

中国出版集团 现代出版社

图书在版编目（CIP）数据

企业经营管理与数字经济发展研究 / 孟令燕著. --
北京：现代出版社，2023.9
ISBN 978-7-5231-0350-0

①企… Ⅱ. ①孟… Ⅲ. ①企业经营管理－研究②
信息经济－研究 Ⅳ. ①F272.3②F49

中国国家版本馆CIP数据核字(2023)第154179号

企业经营管理与数字经济发展研究

作　　者	孟令燕	
责任编辑	姜　军	
出版发行	现代出版社	
地　　址	北京市朝阳区安外安华里504号	
邮　　编	100011	
电　　话	010-64267325　64245264(传真)	
网　　址	www.1980xd.com	
电子邮箱	xiandai@cnpitc.com.cn	
印　　刷	北京四海锦诚印刷技术有限公司	
版　　次	2023年9月第1版　2023年9月第1次印刷	
开　　本	185 mm×260 mm　1/16	
印　　张	12	
字　　数	283千字	
书　　号	ISBN 978-7-5231-0350-0	
定　　价	58.00元	

前 言

随着信息技术的迅猛发展和互联网的普及，数字经济正在成为全球经济的重要驱动力。数字技术的广泛应用正在改变传统企业的经营模式和管理方式。从小型创业公司到跨国企业，各个层面的组织都面临着数字化转型的挑战和机遇。

在这个数字化时代，企业经营管理需要适应新的环境和技术趋势。数字技术为企业提供了更多的数据和信息，使得管理者能够更准确地分析和预测市场需求，优化供应链管理，提高生产效率，并加强与客户的互动和沟通。同时，数字经济也催生了新的商业模式和创新机会，如共享经济、电子商务、人工智能等，这些新兴领域对企业的经营管理提出了全新的要求和挑战。因此，企业经营管理需要在数字经济的发展背景下进行重新审视和调整，以确保企业能够在激烈的市场竞争中保持优势。

基于此，本书以《企业经营管理与数字经济发展研究》为题，首先，阐述企业经营管理的基础。其次，分析企业经营管理模式，对数字经济时代进行全方位的探讨，分析数字经济的基本特征，从大数据、云计算、人工智能与区块链角度，探讨经济时代的基础设施。再次，讨论企业数字化发展；然后，对数字经济的企业战略抉择进行论述；接下来探讨数字经济与企业变革。最后，研究数字经济时代下企业的核心竞争力发展规划。

本书通过全面、实践导向、新颖性和理论与实践的结合，旨在为读者提供对企业经营管理与数字经济发展的深入理解和实用指导，帮助读者应对当今快速变化的商业环境，并抓住数字经济发展带来的机遇。

笔者在本书的写作过程中，得到了许多专家学者的帮助和指导，在此表示诚挚的谢意。由于笔者水平有限，加之时间仓促，书中所涉及的内容难免有疏漏之处，希望各位读者多提宝贵意见，以便笔者进一步修改，使之更加完善。

目 录

第一章

企业经营管理基础

第一节　企业经营环境、定位与目标

一、企业经营环境

（一）企业经营环境的概念

1. 企业经营环境的含义

企业经营环境是指存在于一个组织内部和外部的影响组织业绩的各种力量和条件因素的总和。创立什么样的企业，不是取决于企业主自身的意愿，而是由企业拥有的内部环境和所处的外部环境的经营要素决定的。

2. 企业经营环境的分类

（1）企业外部环境。企业外部环境是指企业周围影响企业经营管理活动及其发展的各种客观因素与力量的总和。这些因素一方面影响企业的经营活动，另一方面也被企业所制约，它为企业的生存和发展带来机会的同时也带来威胁。

（2）企业内部环境。企业内部环境是指构成企业内部生产经营过程的各种要素的总和，并且体现为企业总体的经营能力。企业内部环境是可控因素，可以经过努力，创造和提高企业竞争能力，也可能由于管理不善而使资源得不到很好的利用，丧失应有的优势。

（二）企业经营环境的分析

1. 企业外部经营环境分析

（1）企业宏观环境分析。企业的宏观环境因素涉及面广，主要从宏观方面对企业的生产经营活动产生间接的影响。这些因素主要有政治环境、法律环境、经济环境、科技环境、社会环境、文化环境、自然环境等。

（2）企业微观环境分析。企业微观环境是外部环境分析的核心和重点，其分析的对象集中在行业范围内，研究的是企业与行业、顾客、竞争者及同盟者的关系。

第一，行业竞争结构分析。不同的行业尽管其竞争状态有所差异，但它们都具有同样的基本特征，即任何竞争都是由五种力量构成的，包括现有行业中各企业间的竞争、潜在的行业新进入者、替代品或服务的竞争、供应商讨价还价的能力、买方讨价还价的能力。这五种基本竞争力的状态及综合强度，决定着产业竞争的激烈程度，从而决定着产业中最终的获利潜力以及资本向本产业的流动程度。

第二，顾客分析。顾客是企业产品和服务的购买者，包括企业产品或服务的用户和中间经销商。

第三，供应者分析。企业的供应者包括企业维持正常生产经营活动所需的各种要素，如人、财、物、信息、技术等的来源单位，它们的基本要求是与企业建立稳定、合理的交易关系，并能取得一定的利润。

第四，竞争对手分析。所谓竞争者是指与本企业争夺销售市场和资源的对手。企业与竞争者存在两种关系：①相互争夺的关系。即双方都为了自己的生存和发展设法在市场、顾客、资源中力争占有较大的份额，不仅要争夺对方占有的市场，还要积极争夺潜在市场；不仅争夺现有的资源，还要积极争夺新的资源。谁占有了市场，占有了资源，谁就有了长远发展的良好条件。②相互削弱经营能力的关系。在竞争中要设法削弱对手与自己争夺市场及资源的能力，进而扩大自己的争夺能力，因而产生控制对手的动机和行为，而对手也必然会采取反控制的手段。企业要了解产业内主要竞争者的情况，包括其经营战略和策略有哪些优势，本企业在竞争中的地位、有哪些优势和发展机会，做到知己知彼，才能为本企业战略的制定提供环境依据。

第五，同盟者分析。同盟者可分为基本同盟者（全面合作）与临时同盟者（某时、某事、某方面的合作）、直接与间接同盟者、现实的与潜在的同盟者、长期的与短期的同盟者等。随着内外环境的变化，企业与同盟者的关系具有可变性及复杂性，即同盟者有可能变成竞争对手，而竞争对手也有可能变为同盟者，本企业的合作者也可能同时是竞争对手的合作者。企业对于各种类型同盟者的状况、发展趋势及特点均应进行分析。

2. 企业内部环境分析

如果说外部环境分析的结果明确了企业可能的选择，即可能做什么，那么内部环境分析的结果则明确了企业能够做什么。企业内部环境分析的内容主要有以下方面。

（1）企业素质与企业活力分析。

第一，企业素质分析。企业素质是指企业从事经济活动所具有的潜在能力，是存在于企业机体的固有的素质。企业素质应包含人员素质、技术装备素质、管理素质和企业文化素质等四个方面的内容。

第二，企业活力分析。企业活力就是指企业作为有机体通过自身的素质和能力在与外界环境交互作用的良性循环中所呈现出的自我发展的旺盛生命力的状态。企业活力的大小不仅受外部环境因素的影响，还取决于内部的企业素质，而且在内外环境交互作用中，要不断地向更好的方面转化。

（2）企业经济效益分析。经济效益一般是指消耗、占用与成果的对比关系。提高经济效益，就是要以尽可能少的各类资源的消耗和占用，生产出适合社会需要的物质财富，获得更多的产出。从经济效益的分类来看，又可分为宏观经济效益与微观经济效益、内部经济效益与外部经济效益、直接经济效益与间接经济效益。

宏观经济效益是指全社会的经济效益；微观经济效益即企业、事业单位的经济效益；内部经济效益是指体现在一个企业、事业单位范围内的经济效益；与该企业、事业单位相关的经济实体得到的经济效益，称为外部经济效益。直接经济效益是指一项经济活动本身直接体现出来的经济效益；间接经济效益是指通过这一项经济活动间接反映在其他方面的经济效益。例如，新建码头投入使用，实现了内部经济效益，同时使用码头的船主、货主实现了外部经济效益。以上这些效益都可以直接计算出来，均称为直接经济效益。但随着码头的投入使用，港口所在地区工商业也得到了发展，运输业增加了运输量，工厂增加了产量，商店增加了营业额，该地区增加了就业机会，从而取得了间接经济效益。

（3）企业市场营销能力分析。企业的市场营销能力是适应市场变化、积极引导消费、争取竞争优势以实现经营目标的能力，它是企业决策能力、应变能力、竞争能力和销售能力的综合体现。企业市场营销能力的强弱是决定企业经营成果优劣、影响企业生存和发展的关键，因此掌握和分析企业的市场营销能力是分析企业内部环境的中心工作。

（4）企业资源分析。一般企业中主要有五类资源：财力资源、物力资源、人力资源、技术资源、管理资源。

（5）企业组织效能与管理现状分析。企业管理组织的分析是企业内部环境分析的基本环节和主要内容。因为企业的一切活动都是人的活动，都是组织的活动，组织是进行有效管理的手段，企业作为一个组织，最重要的是组织成员的团结和睦，这是组织的力量所在。只有进行企业组织管理的分析，才能发现组织结构中导致效率低下的因素，进而进行组织变革，提高企业管理效率。企业组织效能是通过管理效果体现的。分析组织的效能，就是对企业及组织管理现状进行分析。

二、企业经营定位

（一）企业业态选择

企业业态选择是指商品零售企业在对自己进行经营定位时，根据自身的实际情况和各种零售企业业态的不同特点，以及市场外部环境的各种因素做出选择，从而确定企业所适合的经营业态的过程。

1. 商业零售业态及其特点

零售业态的分类主要依据零售业的选址、规模、商品结构、店堂设施、经营方式、服务功能、目标顾客等项目确定。

2. 零售商业企业业态的选择

零售商业企业应在对其内部经营条件和外部经营环境进行充分论证的基础上，遵循一定的原则，选择符合本企业经营实际的具体业态。

（1）业态选择应分析的条件。

第一，业态选择应分析企业的自身条件。①业态选择必须与企业发展战略相一致。②业态选择应与现有企业有连带关系，它们之间既可以是同业态的，也可以是异业态的。③业态选择必须考虑企业自身的经营实力。④业态选择必须考虑企业优势和经营经验。企业应根据自己的特长与优势，选择自己相对熟悉、擅长的业态进行经营。

第二，业态选择应分析企业的客观条件。①业态选择必须考虑5—10年的消费发展趋势，消费水平和规模的快速增长有利于推动百货商店、专业商店和便利店等业态的发展。②业态选择必须考虑5—10年的产品发展趋势，产品包装、加工、编码的非标准化必将制约自我服务型业态的发展。③业态选择必须考虑5—10年的行业及行政体制。由于地方保护部门封锁等问题，一般难以通过小店铺形成规模效益。

（2）业态选择应注意的策略定位。

零售业态是不断演变的，如果不面对时势，随机应变，就有被逐出市场的危险。面对不同的商业业态，应有不同的经营定位：①大型百货商店的定位策略应定位于优。②超级市场的定位策略应定位于全。③便利店的定位策略应定位于便。④精品专卖店的定位策略应定位于精。⑤仓储式商店的定位策略应定位于廉。

（二）连锁经营与特许经营

连锁经营和特许经营自20世纪80年代末至90年代初传入我国以来，取得了很大的发展。

1. 连锁经营

（1）连锁经营的概念及特征。连锁经营是指在核心企业或总店的领导下，由分散的、经营同类商品或服务的企业，通过规范化经营，实现规模效益的经济联合组织形式。其中的核心企业称为总部、总店或本部，各分散经营的企业叫作分店、门店或成员店。

连锁经营的基本特征体现在统一经营战略、统一企业识别系统（CIS）、统一进货、统一配送、统一价格、统一管理、统一商品组合服务、统一广告宣传等。

（2）连锁经营方式的形态。

第一，直营连锁。直营连锁是指连锁店的门店均由总部全资或控股开设，在总部的直接领导下统一经营的一种经营模式。

第二，特许加盟。我国把它称为特许连锁（或加盟连锁），是指连锁店的门店同总部签订合同，取得使用总部商标、商号、经营技术及销售总部开发商品的特许权，经营权集中于总部的一种经营模式。

第三，自愿加盟。即自愿加入连锁体系的商店。这种商店原已存在，而非加盟店由连锁总公司辅导创立，所以在名称上自应有别于加盟店，为了区分方便起见，称为自愿加盟店。我国把它称为自愿连锁，是指连锁店的门店均为独立法人，各自的资产所有权关系不变，在总部的指导下共同经营的一种经营模式。

2. 特许经营

（1）特许经营的概念及特征。特许经营是指特许者将自己所拥有的商标（包括服务商标）、商号、产品、专利、经营模式等，以特许经营合同的形式授予被特许者使用，被特许者按合同规定，在特许者统一的业务模式下从事经营活动，并向特许者支付相应费用的一种经营模式。

根据这一概念，特许经营有八项特征：①范围广，渗透力强。②扩张速度快，成功率高。③国际化、集团化。④集资方便。⑤降低投资风险。⑥减轻人力负担。⑦规模扩张迅速。⑧可以冲破区域壁垒。

（2）特许经营类型。特许经营其实质就是包括专利、商标等各种知识产权在内的无形资产由特许者有偿转让给被特许者的一种方式。根据不同的标准可以将特许经营分成不同的类型。

第一，按特许者与被特许者的身份，可以将特许经营分为制造商和批发商、制造商和零售商、批发商和零售商、零售商和零售商之间的特许经营四种类型。

第二，按特许权授予方式，可以将特许经营分为一般特许经营、委托特许经营、发展特许经营、复合特许经营等。

第三，按特许内容，又可以将特许经营分为商品商标特许经营和经营模式特许经营。

（三）代理、经销、代销

企业在实现自己的经营目标时，出于成本核算和自身经营状况的考虑，可采用那些成本低廉又切合自身实际的经营方式和经营渠道。代理、经销、代销制度的出现与极大发展，正是适应了社会生产力的需求，满足了社会经济生活的需要。

1. 代理

企业在经营过程中涉及的代理一般主要是指商务代理。所谓商务代理，是指代理人为被代理人代理商品买卖等有关事宜，收取佣金的营利性经济活动。

代理商行使代理权时，必须遵循基本原则：①行使代理权必须符合被代理人的利益。②行使代理权必须尽到职责所要求的谨慎和勤勉。

2. 经销

经销是指经销商先用自己的资金进行购买，取得商品的所有权后再将商品出售，经销商对此承担全部风险责任的商品经营方式。在商业实践中，其一般分为以下两种情况：

（1）一般经销，即经销商通过与卖方签订买卖合同购买商品后，自行在选择的市场上任意销售，经销商与卖方的关系为简单的买卖关系，双方不需签订经销协议，各自履行买卖合同义务后即告结束。

（2）包销或称定销，即独家经销，有时也被称为买断。它是指在一定时期和一定地区内将某种商品的专营权交给包销商，由包销商全权销售的商品销售方式。包销商享有专营权，即销售商或制造商在同一时期、同一地区对同一类商品只能交给自己所选定的包销商经营，不能同该地区其他商人做该种买卖。同时包销商只能在该地区经营与之签订包销协议的制造商或销售商的商品，既不能经营其他来源的有关商品，也不能将制造商或销售商的商品向其他地区转售，并要保证在一定时间内购买一定数量的包销商品。

3. 代销

在现实经济生活中，代销也是运用得较为广泛的一种商品经营方式。从法律意义来讲，代销属于行纪的范畴。所谓行纪，是指行纪人接受委托人的委托，以自己的名义为委托人从事物品买卖或者其他商业交易并收取报酬的行为。在商品经营活动中，如果行纪人只是为委托人从事物品销售活动，那么有时也称其为寄售。

代销在商业实践中一般具有以下特征。

第一，委托人与代销商之间不是买卖关系，而是代销关系，代销商虽然以自己的名义在当地市场销售货物，收取货款，但货物的所有权属于委托人。

第二，代销货物在出售前，包括运输途中和到达寄售地后的一切风险和费用，全部由寄售人承担。

第三，代销是由代销商向买主销售，看货成交，属于凭实物进行的现货交易，并可在运输途中先行销售，销售不成的仍可运往目的地代销。

三、企业经营目标

（一）企业经营目标的概念

企业经营目标，是在分析企业外部环境和企业内部条件的基础上确定的企业各项经济活动的发展方向和奋斗目标，是企业经营思想的具体化。

1. 企业经营目标的含义和特点

（1）企业经营目标的含义。企业经营目标是指在一定时期内，企业的生产经营活动最终所要达到的目的，是企业生产经营活动目的性的反映与体现；是在既定的所有制关系下，企业作为一个独立的经济实体，在其全部经营活动中所追求的并在客观上制约着企业行为的目的。企业的目标体系是企业在一定时期内，按照企业经营思想和企业所有者及经营者的愿望，考虑到企业的外部环境和内部条件的可能，经过努力所达到的预期理想成果的体系。

（2）企业经营目标的特点。

第一，层次性。指企业的经营目标是由多个层次构成的，通过各要素、任务的结合把目标分为相互交织又相互作用的层次，从而使得目标显得清晰可见。

第二，阶段性。指企业经营目标的实现过程可以分为几个阶段，通过阶段性目标的完成，为总目标的实现打下基础。阶段性目标可能是递进的，也可能是分片的，不管是哪一种，都是为了保证最终目标的实现。

第三，功效性。任何企业的经营目标都是为了达成未来的一种状态和结果，因此具有显著的功效性。对企业而言，就是通过生产、经营能满足社会需要的产品而创造经济效益，在此基础上不断提高员工的物质、文化、生活水平。经营目标的功效性可以起到激励人奋进、促进组织发展的显著作用。

第四，可分解性。指经营目标不但要指明方向，还要可分解为多方面的具体目标和任务。比如对企业来说，首先要有基本目标，如实现利润、完成产值和销售收入、提高员工收入和市场占有率、进行技术改造和提出发展方向等。在基本目标的指导下，企业内各部门要把基本目标按职责分解落实为部门的具体目标和工作任务。在部门分解的基础上，由企业内的目标管理部门进行汇总和平衡，最终以目标任务书的形式下发给部门。如果目标不可分解，在执行上就具有一定的难度。

2. 企业的经营目标体系

企业的整体目标要通过各部门、各环节的生产经营活动去实现。企业各部门、各环节都要围绕整体目标制定出本部门的目标，形成一个目标体系，由整体目标到中间目标，再由中间目标到具体目标。具体分为以下三层：

第一层，是决定企业长期发展方向、规模、速度的总目标或基本目标。成长性目标、稳定性目标、竞争性目标，都属于基本目标。这一层目标就是战略目标。由于各个企业所处地位的不同，以及经营者价值观念的不同，基本目标又可分为若干个阶梯：第一阶梯是产值、利润额、销售额等增长目标；第二阶梯是市场占有率、利润率等目标；第三阶梯是本行业的领先企业；第四阶梯是走向世界市场。

第二层，中间目标。分为对外与对内目标。对外目标包括产品、服务及其对象的选择、定量化，如产品结构、新产品比例、出口产品比例等；对内目标就是改善企业素质的目标，如设备目标，人员数量、素质、比例目标，材料利用及成本目标等。

第三层，具体目标。即生产和市场销售的合理化与效率目标。如劳动生产率、合理库存、费用预算、质量及生产量、销售额、利润额指标等。

（二）经营目标的作用和制定原则

1. 企业经营目标的实际作用

（1）企业经营目标是价值评估的基础之一。不同的企业其经营目标是不同的，例如，改革开放前我国国有企业的经营目标就是能完成上级主管部门下达的经营任务；承包制下的国有企业只要能完成期内利润指标即可。不同经营目标的背后实际上反映了不同的企业制度。

（2）企业经营目标是战略体现。企业长期经营目标是企业发展战略的具体体现。企业长期经营目标里不仅包括产品发展目标、市场竞争目标，更包括社会贡献目标、职工待遇福利目标、员工素质能力发展目标等。

（3）企业经营目标能指明企业在各个时期的经营方向和奋斗目标。这样可使企业的全部经营活动突出重点，抓住主要矛盾；同时为评价企业各个时期经营活动的成果确定了一个标准，使企业的决策者能够保持清醒的头脑，引导企业一步一步地朝着目标前进。

（4）通过总目标、中间目标、具体目标的纵横衔接与平衡，能够以企业总体战略目标为中心，把全部生产经营活动联成一个有机整体，产生出一种向心力，使各项生产经营活动达到最有效的协调，有利于提高管理效率和经营效果。

（5）通过自上而下和自下而上层层制定目标和组织目标的实施，能够把每个职工的具体工作同实现企业总战略目标联系起来，以鼓舞士气，提高职工的主动性和创造性，开创出全员经营的新局面。

2. 制定企业经营目标的原则

（1）目标的关键性原则。这一原则要求企业确定的总体目标必须突出企业经营成败的重要问题和关键性问题，关系到企业全局的问题，切不可把企业的次要目标或具体目标列为企业的总体目标，以免滥用资源而因小失大。

（2）目标的可行性原则。总体目标的确定必须保证能如期实现。在制定目标时必须全面分析企业外部环境条件、内部各种资源条件和主观努力能够达到的程度，既不能脱离实际凭主观愿望把目标定得过高，也不可妄自菲薄不求进取把目标定得过低。

（3）目标定量化原则。制定目标是为了实现它。目标必须具有可衡量性，以便检查和评价其实现程度。总体经营目标必须用数量或质量指标来表示，而且最好具有可比性。

（4）目标的一致性原则。总体目标要与中间目标和具体目标协调一致，形成系统，而不能相互矛盾，相互脱节，以免部门之间各行其是，互相掣肘，造成不必要的内耗。

（5）目标的激励性原则。经营目标要有激发全体职工积极性的强大力量。目标要非常明确、非常明显、非常突出，具有鼓舞的作用，使每个人对目标的实现都抱有很大的希望，从而愿意把自己的全部力量贡献出来。

（6）目标的灵活性原则。经营目标要有刚性。企业经营的外部环境和内部条件是不断变化的，因此企业的经营目标也不应该是一成不变的，而应根据客观条件的变化，改变不合时宜的目标，根据新形势的要求，及时调整与修正原有的企业经营目标。

（三）企业经营目标的类别与内容

每个企业在不同的时期都有不同的经营目标。企业经营目标不止一个，其中既有经济目标，又有非经济目标；既有主要目标，又有从属目标。它们之间相互联系，形成一个目标体系。它是由经济收益和企业组织发展方向方面的内容构成的，反映了一个组织所追求的价值，为企业各方面活动提供基本方向。它使企业能在一定的时期、一定的范围内适应环境变化趋势，又能使企业的经营活动保持连续性和稳定性。

企业的经营目标可分为整体目标与个体目标。一般来说，在企业经营中整体目标是为实现企业目的而制定的，而个体目标是由企业的各个部门及工作场所为满足其各种需求而产生的。这两种目标，在内容、水平、基准、方向等方面虽然不相同，但均能对现实的行动给予强烈的影响。不仅如此，对于整体目标来说，个体目标有时会起反作用。因为在各个部门或工作场地，往往把个体目标摆在首位，整体目标反而被忽视。

1. 企业的整体目标

（1）社会经济目标。社会经济目标是指社会和国家的要求，如产品的安全、无毒、卫生，资源的综合利用，环境污染的防治等。

（2）业务范围目标。业务范围目标是指国内外市场的开拓，相关新产品的开发，多种经营的创办，特殊质量、效率、服务、利润、工作环境、行为规范等水平的提高，或产品的整顿、淘汰，等等。

2. 企业的个体目标

销售额及销售增长率、利润额、利润率及投资回报率、市场占有率、劳动生产率、资金结构及比率、产品的项目、人力资源的配置与利用、组织结构的变动、工作环境的改善等。

3. 企业的重要性目标

（1）战略目标。战略目标是企业经营活动的方向和所要达到的水平。它的特点是：①实现的时间较长，一般能够分阶段实行。②对企业的生存和发展影响大。战略目标的实现，往往标志着企业经营达到了一个新的境界，与过去有明显的变化。③实现有较大的难度和风险。④对各级经营管理层有很大的激励作用。⑤实现这一目标需要大量的费用开支。

第一，成长性目标。它是表明企业进步和发展水平的目标。这个目标的实现，标志着企业的经营能力有了明显的提高。成长性目标的指标包括：销售额及其增长率；利润额及其增长率；资产总额；设备能力；产品品种及生产量。其中销售额与利润额是最重要的成长性指标。销售额是企业实力地位的象征，而利润不仅反映了企业的现实经营能力，还表明了企业未来发展的潜力。

第二，稳定性目标。它表明企业经营状况是否安全，有没有亏损甚至倒闭的危险。稳定性目标的指标包括经营安全率、利润率、支付能力等。

第三，竞争性目标。它表明企业的竞争能力和企业形象。具体包括市场占有率和企业形象。其中市场占有率指标是非常重要的，它不仅表明企业的竞争能力，还表明经营的稳定性。市场占有率过低，企业经营会不稳定，会在竞争中处于被动的地位。特别是当大力开拓新市场时，企业不仅要关注已开拓市场的数目，更要关注市场占有率，应通过提高市场占有率巩固新市场，否则企业很容易被竞争对手排挤出来。而企业形象又直接影响着市场占有率和竞争力。

（2）战术目标。战术目标是战略目标的具体化。它的特点是：实现的期限较短，反映企业的眼前利益；具有渐进性；目标数量多；其实现有一定的紧迫性。

4. 其他目标内容

（1）贡献目标。贡献目标是指企业在加快自身发展的同时，还要努力为社会的进步做出应有的贡献，它不仅表现在为社会提供的产品品种、质量、产量及上缴的利税等，还表现在对自然资源的合理利用、降低能源消耗、保护生态环境等方面。

（2）发展目标。发展目标表示企业经营的良性循环得到社会的广泛承认。它不仅反映生产能力的提高，更注重企业的发展后劲。

（3）市场目标。企业经营活力的大小还要看企业在一定时期内其市场范围及市场占有率的大小。市场目标包括新市场的开发、传统市场的纵向渗透、市场占有率的增长、企业在市场上的形象及企业在市场上的知名度和美誉度，以及创造条件走向国际市场等。

（4）利益目标。利益目标是指企业在一定时期内为本企业和职工创造的物质利益。它表现为企业实现的利润、职工的工资与奖金、职工福利等。

第二节 企业经营管理的要素

一、企业决策

（一）企业经营决策的含义

企业经营决策是指在掌握了充分的市场信息基础上，根据企业的经营战略所规定的目标，来确定企业的经营方向、经营目标、经营方针及经营方案，并付诸实施的过程。

（二）经营管理决策的构成要素

从系统的观点看，经营管理决策是由决策主体、决策客体、决策理论方法、决策信息和决策结果等要素构成的一个有机整体。

1. 决策主体

决策主体是指参与决策的领导者、参谋者及决策的执行者。决策主体可以是个人，也可以是集团决策机构。决策主体是决策系统的灵魂和核心，决策能否成功，关键取决于决策主体的素质。

2. 决策客体

决策客体是指决策对象和决策环境。决策对象是指决策主体能影响和控制的客体事物，如一个企业，某项业务的经营目标、经营规划或某项产品研究开发等。决策环境则是指制约决策对象按照一定规律发展变化的条件。决策对象与决策环境的特点、性质决定着决策活动的内容及其复杂程度。

3. 决策理论与方法

决策离不开决策的理论与方法。决策理论与方法的功能在于将现代科学技术成果运用于决策过程，从整体上提高经营管理决策活动的科学性，减少和避免决策结果的偏差与失误。比如，遵循科学的决策程序，采用适宜的决策方法，把定性和定量分析相结合。

4. 决策信息

信息是经营管理决策的前提和基础。要保证经营管理决策的正确性，拥有大量、丰富的市场信息是必不可少的条件。决策主体只有掌握充分准确的市场信息，才有可能做出正确的决策。

5. 决策结果

决策的目的是得到正确的决策结果。没有决策结果的决策不算是决策。任何决策都要得到决策结果，决策结果是决策的必要构成要素。

（三）经营决策的类型

现代企业经营管理活动的复杂性、多样性，决定了经营管理决策有多种不同的类型。

1. 按决策的影响范围和重要程度分类

按决策的影响范围和重要程度，分为战略决策和战术决策。

（1）战略决策是指对企业发展方向和发展远景做出的决策，是关系到企业发展的全局性、长远性、方向性的重大决策。如对企业的经营方向、经营方针、新产品开发等的决策。战略决策由企业最高层领导提出。它具有影响时间长、涉及范围广、作用程度深刻的特点，是战术决策的依据和中心目标。它的正确与否，直接决定着企业的兴衰成败，决定着企业的发展前景。

（2）战术决策是指企业为保证战略决策的实现而对局部的经营管理业务工作做出的决策。如企业原材料和机器设备的采购，生产、销售的计划，商品的进货来源，人员的调配等属此类决策。战术决策一般是由企业中层管理人员提出的。战术决策要为战略决策服务。

2. 按决策的主体不同分类

按决策的主体不同，分为个人决策和集体决策。

（1）个人决策是由企业领导者凭借个人的智慧、经验及所掌握的信息进行的决策。决策速度快、效率高是其特点，适用于常规事务及紧迫性问题的决策。个人决策的最大缺点是带有主观性和片面性，对全局性重大问题则不宜采用。

（2）集体决策是指由会议机构和上下相结合的决策。会议机构决策是通过董事会、经理扩大会、职工代表大会等权力机构集体成员共同做出的决策。上下相结合的决策则是领导机构与下属相关机构结合、领导与群众相结合形成的决策。集体决策的优点是能充分发挥集团智慧，集思广益，决策慎重，从而保证决策的正确性、有效性；缺点是决策过程较复杂，耗费时间较多。它适宜于制定长远规划、全局性的决策。

3. 按决策是否重复分类

按决策是否重复，分为程序化决策和非程序化决策。

（1）程序化决策。程序化决策是指决策的问题是经常出现的问题，已经有了处理的经验、程序、规则，可以按常规办法来解决。因此程序化决策也称为常规决策。例如，企业生产的产品质量不合格如何处理，商店销售过期的食品如何解决，就属程序化决策。

（2）非程序化决策。非程序化决策是指决策的问题是不常出现的，没有固定的模式、经验去解决，要靠决策者做出新的判断来解决。非程序化决策也叫非常规决策，如企业开辟新的销售市场、商品流通渠道调整、选择新的促销方式等属于非常规决策。

4. 按决策问题所处条件不同分类

按决策问题所处条件不同，分为确定型决策、风险型决策和非确定型决策。

（1）确定型决策。确定型决策是指决策过程中提出各备选方案，在确定的客观条件下，每个方案只有一种结果，比较其结果优劣做出最优选择的决策。确定型决策是一种肯定状态下的决策。决策者对被决策问题的条件、性质、后果都有充分了解，各个备选的方案只能有一种结果。这类决策的关键在于选择肯定状态下的最佳方案。

（2）风险型决策。在决策过程中提出各个备选方案，每个方案都有几种不同结果可以知道，其发生的概率也可测算的条件下的决策，就是风险型决策。例如，某企业为了增加利润，提出两种备选方案：一种方案是扩大老产品的销售；另一种方案是开发新产品。不论哪一种方案都会遇到市场需求高、市场需求一般和市场需求低迷等不同可能性，它们发生的概率都可测算。若遇到市场需求低，企业就要亏损。因而在上述条件下决策，带有一定的风险性，故称为风险型决策。风险型决策之所以存在，是因为影响预测目标的各种市场因素是复杂多变的，因而每个方案的执行结果都带有很大的随机性。决策中，不论选择哪一种方案，都存在一定的风险。

（3）非确定型决策。在决策过程中提出各个备选方案，每个方案有几种不同的结果可以知道，但每一结果发生的概率无法知道的条件下的决策，就是未确定型的决策。它与风险型决策的区别在于：风险型决策中，每一种方案产生的几种可能结果及其发生概率都知道，未确定型决策只知道每一种方案产生的几种可能结果，但发生的概率并不知道。这类决策是由于人们对客观状态出现的随机性规律认识不足，从而增大了决策的不确定性。

二、企业物流管理

企业物流可理解为围绕企业经营的物流活动，是具体的、微观的物流活动。典型领域企业系统活动的基本结构是投入—转换—产出，对于生产类型的企业来讲，是原材料、燃料、人力、资本等的投入，经过制造或加工使之转换为产品或服务；对于服务型企业来讲则是设备、人力、管理和运营，转换为对用户的服务。物流活动便是伴随着企业的投入—转换—产出而发生的。相对于投入的是企业外供应或企业外输入物流，相对于转换的是企业内生产物流或企业内转换物流，相对于产出的是企业外销售物流或企业外服务物流。由此可见，在企业经营活动中，物流已渗透到各项经营活动之中。

三、企业生产管理

（一）企业生产管理的含义

生产管理是指为了实现企业经营目标，有效地利用生产资源，对企业生产过程进行计划、组织、控制，生产满足市场需要的产品或提供服务的管理活动的总称。

（二）生产管理的内容

第一，生产组织工作，即选择厂址、生产过程组织等。

第二，生产计划工作，即确定和实现生产目标所需要的各项业务等。

第三，生产控制工作，即生产进度控制、在制品控制和生产调度等。

（三）生产管理的任务

第一，通过生产组织工作，按照企业目标的要求，设置技术上可行、经济上合算、物质技术条件和环境条件允许的生产系统。

第二，通过生产计划工作，制定生产系统优化运行的方案。

第三，通过生产控制工作，及时有效地调节企业生产过程内外的各种关系，使生产系统的运行符合既定生产计划的要求，实现预期生产的品种、质量、产量以及出产期限和生产成本的目标。

（四）生产管理的目标

总体来说，生产管理的目标在于高效、低耗、灵活、准时地生产合格产品或提供满意服务。

第一，高效。迅速满足用户需要，缩短订货提前期，争取用户。

第二，低耗。人力、物力、财力消耗最少，实现低成本、低价格。

第三，灵活。能很快适应市场变化，生产不同品种和新品种产品。

第四，准时。在用户需要的时间，按用户需要的数量，提供所需的产品和服务。

四、企业质量管理

（一）质量的含义

质量是用户对一个产品（包括相关的服务）满意程度的度量，即用户满意的程度。需要注意的是，质量一词并不具有绝对意义上的最好的一般含义，而是指最适合于一定顾客的要求，包括产品的实际用途和产品的价格两个方面。

人们使用产品，总对产品质量提出一定的要求，而这些要求往往受到使用时间、使用地点、使用对象、社会环境和市场竞争等因素的影响，这些因素的变化，会使人们对同一产品提出不同的质量要求。质量不是一个固定不变的概念，它是动态的、变化的、发展的；它随着时间、地点、使用对象的不同而不同，随着社会的发展、技术的进步而不断更新和丰富。用户对产品使用要求的满足程度，反映在对产品的性能、经济特性、服务特性、环境特性和心理特性等方面。质量是一个综合的概念。它并不要求技术特性越高越好，而是追求诸如性能、成本、数量、交货期、服务等因素的最佳组合，即所谓的最适当。"质量是企业发展生存的首要要素，质量管理水平的高低反映了一个企业的综合实力，全面质量管理有利于提高企业的综合素质，增强企业的市场竞争力，从而提高企业产品质量。"[1]

---

① 梁勉. 企业质量管理探索 [J]. 企业科技与发展，2013 (14)：109.

（二）质量的基本性质

1. 质量的社会性

企业产品质量的好坏在直接影响使用者的同时，会由使用者将产品使用的满意程度传播给其他人，进而影响到社会对企业产品甚至企业的整体评价，特别是当产品的使用关系到生产安全、环境污染、生态平衡等问题时更是如此。质量作为一种文化和理念正渗透到社会生活的各个方面。

2. 质量的经济性

产品的质量涉及生产及服务的各个环节，因此质量需要从制造成本、价格、使用价值和消耗等几方面进行综合评价。企业在确定质量的水平或目标时，不能脱离社会的条件和需要单纯地追求技术上的先进性，还应考虑使用上的经济合理性，使质量和价格达到合理的平衡。

3. 质量的系统性

一个产品或服务的成型需要多个环节不同人员的全面合作才能达到，是一个受到设计、制造、使用等多方面因素影响的复杂系统。例如，汽车是一个复杂的机械系统，同时是涉及道路、司机、乘客、货物、交通制度等方面的使用系统。产品的质量应该达到多维评价的目标。

五、企业营销管理

（一）企业营销管理的定义

现代企业管理是一项复杂的系统工程，随着企业所面临的宏观环境和竞争的日益复杂和多变，企业管理本身也不断调整和加强，从而适应环境的要求，企业管理本身就是在与环境互动的过程中不断取得发展的。

营销从本质上说，就是企业在复杂的社会政治经济环境中，通过分析，明确和把握市场机会，提供有竞争力的产品和服务，满足目标客户的需求，进而实现企业的价值。在企业管理的众多环节中，营销管理的作用日益加强，根本的原因在于企业的本质，也就是为社会和目标市场提供能够满足其需求的产品与服务。而营销管理的中心就是如何实现这一根本的使命，即围绕企业的产品和服务，进行有效的产品规划和市场定位，通过市场细分明确目标市场，并采用广告、宣传、市场活动等一系列市场手段将产品和服务的信息有效地传递给目标客户。传统的营销管理包括 4P，即产品（Product）、价格（Price）、渠道

（Place）和促销（Promotion），但营销管理的理念处于不断发展的过程中，如服务在营销体系中的地位和作用就越来越重要、网络化营销日益盛行等。

（二）企业营销管理的过程和主要环节

企业营销管理是一项复杂的系统工程，随着产品和服务的日益复杂和市场需求的日益多样化，随之产生的营销管理也日益复杂。不同的行业和企业在营销管理上由于产品和行业的特殊性而具备较大差异，但整体而言，企业在营销管理上具有较大的共通性。

1. 市场调研

市场调研是企业进行营销管理的第一步。任何产品和服务的概念，都来自市场，来自需求。只有对用户和市场的需求有全面和准确的把握，才能够提出合理的产品概念。这也体现了营销工作的本质功能，就是研究如何更好地满足用户的需求。市场调研作为一项基本的市场工作，其作用和功能也经历了一个不断被挖掘和加强的过程，在早期的粗放式营销理念阶段，许多企业对市场的把握和理解局限于感性的阶段，很多产品概念和创意的提出，完全是基于对市场的粗浅的理解和定性的分析，缺乏定量、广泛和科学的研究。

随着市场竞争的日益激烈和市场情况的日益复杂多变，越来越多的企业加强了对市场调研工作的重视程度和管理，将其纳入整体的市场营销战略当中。

2. 产品规划和管理

产品是传统营销概念 4P 的第一个 P，也是营销工作的起点。

产品作为企业价值和使命实现的基本载体，其在营销体系中的地位和作用是根本性的，也是企业市场竞争力的根本体现，能否有一个满足市场和客户需求的产品和服务，关系到企业的生存和发展，决定着企业的命运。随着市场竞争的不断加强，企业在产品规划和管理方面的重视程度越来越高，从长远来看，产品是企业首要的核心竞争力要素。

要开发一个满足市场需要的产品和服务，要求企业能够对市场需求进行全面准确的调查和了解，也就是说，市场调查是产品规划的第一项工作。在了解市场需求的特点之后，企业要做的是对企业自身的资源和实力进行评估，确定市场需求与企业资源的最佳结合点，并据此提出产品的概念和可行性方案，提出项目计划书，由公司相关部门进行全面的论证和分析。而产品开发的管理主要是运用现代项目管理的方法，是一项涵盖面很广的系统性工作，涉及技术部门、开发部门、产品部门、市场部门、服务部门等多个职能部门。产品开发管理的过程要求具有很好的协调性，在这个过程中沟通尤为重要。

3. 市场推广

在企业的营销管理中，市场推广是最关键和最显性的环节，企业在经历市场调研和产品规划等前期工作后，完成了产品和服务的设计与生产，接下来最关键的工作就是如何将产品和服务通过合理有效的市场推广手段提供给其目标客户。也就是说，市场推广是连接企业产品（服务）与客户的纽带，只有产品和服务最终顺利达到目标客户手中，企业的价值才能最终实现。

企业的市场推广经历了产品概念—市场概念—服务概念的转变。早期的营销理念主要侧重于产品和服务本身，注重产品和服务本身的品质和质量，认为只要产品好，质量高，自然就有需求，这一概念在短缺经济时期，在供不应求的市场阶段是可行的、有效的，其促进了厂商对于产品和服务质量的改进和提高。

随着市场竞争环境的日益复杂和多变，产品出现同质化趋势，市场形成国际化，企业开始意识到产品只是营销的起点，真正的决定力量来自对市场的把握和控制，也就是市场推广的能力，这一理念已经被大多数的现代企业所接受。随着营销概念的不断发展，厂商的注意力日益前移，从单纯的市场运作转到更加注重客户和服务的服务营销理念，顾客作为最终消费者，其需求以及对于产品和服务的意见，成为企业关注的核心，如何提高服务的水平和质量，成为许多行业和企业参与市场竞争的中心工作。但从本质上而言，服务营销理念虽然将营销重点前移，更加贴近消费者，但本质上仍属于整合营销的理念。

六、企业人力资源管理

人力资源管理是对人力资源进行有效开发、合理配置、充分利用和科学管理的制度、程序、法令与方法的总和。

人力资源管理可分为宏观和微观两个层次。宏观人力资源管理是指对一个国家或地区的人力资源进行管理，主要侧重于从整体上对人力资源的形成、开发和利用的管理。微观上则是围绕着组织的发展战略和目标，对组织的人力资源进行目标规划和管理，承担对人力资源的招、用、留和激励等各个环节的管理任务，保证组织及时得到需要的人力资源，努力对人力资源进行最佳的配置和最好的激励，并做好组织未来发展所需人才的储备和开发。

人力资源管理是企业的基本管理职能之一，其目标就是把企业所需的人才吸引进来，将其安置在适合其自身发展的岗位上，调动其工作积极性，开发其潜能，以充分发挥其作用，为企业实现利润最大化服务。

第三节　企业经营管理的原理

一、人本原理

（一）人本原理的含义

人本原理，就是管理以人为本，一切管理要以做好人的工作，调动人的积极性、主动性和创造性为根本。它要求人们在管理活动中坚持一切以人为核心，以人的权利为根本，强调人的主观能动性，力求实现人的全面、自由发展。其实质就是充分肯定人在管理活动中的主体地位和作用。

（二）人本原理的观点

1. 员工是企业的主体

现代管理把员工看成主体，认为员工本身就是一切管理活动的最终目的，谋求企业和个人发展的统一。具体来说，这种转变在实践中表现为，许多企业开始越来越重视员工的个人发展。例如，当代许多企业广泛地采用在职或者脱产培训、工作扩大化和丰富化、轮岗制、帮助员工进行职业生涯的规划等方式来提升员工的素质，实现员工和组织的全面发展。就培训来说，不仅可以增强员工的技术技能，还可以提高员工的人际交往技能，以及理论技能。而工作扩大化、丰富化和轮岗制，不仅可以增加工作内容的广度和深度，降低员工对专业化分工带来的工作厌恶感，还可以锻炼员工的各项能力，使其熟悉企业的不同部门和产品的特点，有利于员工的进一步提升。而企业帮助员工进行职业生涯规划，不仅可以使员工对职业发展和提升有明确的方向，还可以为企业自身的发展提前储备相应的人力资源，真正实现员工和组织的共同发展，做到组织和员工的双赢。

2. 有效管理的关键是员工参与

实现有效管理有两条完全不同的途径：①高度集权、从严治厂，依靠严格的管理和铁的纪律，重奖重罚，使得企业目标统一、行动一致，从而实现较高的工作效率。②适度分权、民主治理，依靠科学管理和职工参与，使个人利益与企业利益紧密结合，使企业全体员工为了共同的目标而自觉地努力奋斗，从而实现较高的工作效率。

3. 现代管理的核心是使人性得到最完美的发展

事实上，任何管理者都会在管理过程中影响下属的人性发展。同时，管理者行为本身又是管理者人性的反映。只有管理者的人性达到比较完美的境界，才能使企业员工的人性得到完美的发展。

4. 管理是为人服务的

我们说管理是以人为中心的，是为人服务的，是为实现人的发展，这个人当然不仅包括企业内部、参与企业生产经营活动的人（虽然在大多数情况下，这类人是管理学研究的主要对象），还包括存在于企业外部的、企业通过提供产品为之服务的用户。

二、系统原理

（一）系统的含义

系统是指由若干相互联系、相互作用的部分组成，在一定环境中具有特定功能的有机整体。就其本质来说，系统是过程的复合体。

（二）系统原理的主要内容

1. 管理的整分合原则

整分合原则的主要意思是对于管理事务和问题要整体把握、科学分解、组织综合。所谓整，是指管理工作的整体性和系统性；所谓分，是指各要素的合理分工；所谓合，是指各要素分工以后的协作与综合。

2. 管理的层次性原则

依据系统的层次性和有序性特点，我们知道组织及其管理活动构成的复杂系统中，不同层次的管理者有着不同的职权、职责和任务。例如，我们可以将高层管理者称为决策层，中层管理者称为执行层，基层管理者称为作业层，这种划分在一定程度上体现了不同层次的管理者管理活动内容的不同。

3. 管理要有开发观点

管理要有开放的观点。系统与环境的相互适应性要求我们在进行管理时，要注意研究和分析环境的变化，及时调整内部的活动和内容，以适应环境特点及其变化的要求，还要努力通过自己的活动去改造和开发环境，引导环境向有利于组织的方向发展变化。

三、责任原理

（一）责任原理含义

责任原理是指管理工作必须在合理分工的基础上，明确规定各级部门和个人必须完成的工作任务和承担的相应责任。职责明确，才能对组织中的部门和每一位员工的工作绩效做出正确的考评，有利于调动人的积极性，保障组织目标的实现。

（二）责任原理的主要观点

1. 明确每个人的职责

挖掘人的潜能的最好办法是明确每个人的职责。分工，是生产力发展的必然要求。在合理分工的基础上确定每个人的职位，明确规定各职位应负担的任务，这就是职责。一般来讲，分工明确，职责就会明确，但实际上两者的对应关系并不那么简单。因为分工一般只是对工作范围做了形式上的划分，至于工作的数量、质量、完成时间、效益等要求，分工本身还不能完全体现出来。必须在分工的基础上，通过适当的方式对每个人的职责做出明确规定。

2. 职位设计和权限委授应合理

（1）权限。明确了职责，就要授予相应的权力。如果没有一定的人权、物权、财权，任何人都不可能对任何工作实行真正的管理。如果任何事情都得请示上级，由上级决策、上级批准，当上级过多地对下级分内的工作发指示、作批示的时候，实际上等于宣告此事下级不必完全负责。

（2）利益。权限的合理委授，只是完全负责所需的必要条件之一。完全负责就意味着责任者要承担全部风险。而任何管理者在承担风险时，都自觉或不自觉地要对风险与收益进行权衡，然后才决定是否值得承担这种风险。

（3）能力。这是完全负责的关键因素。管理是一门科学，也是一门艺术。管理既要有生产、技术、经济、社会、管理、心理等各方面的科学知识，又需要有处理人际关系的组织才能，还要有一定的实践经验。科学知识、组织才能和实践经验这三者构成了管理能力。

3. 奖惩要分明、公正和及时

贯彻责任原理，还要求对每个责任人的工作表现给予及时公正的奖罚。

（1）明确工作绩效的考核标准。对每个人进行公正的奖惩，要求以准确的考核为前提。若考核不细致或不准确，奖惩就难以做到恰如其分。

（2）奖惩要公平及时。奖励有物质奖励和精神奖励。奖励要及时，过期的奖励作用不大。惩罚要适度，惩罚不要影响人的工作热情，惩罚的目的是通过惩罚少数人来教育多数人。

第四节　企业经营管理的职能

一、计划职能

（一）计划的含义

计划是预测未来、设立目标、决定政策、选择方案的连续过程。目的在于经济地使用现有资源，有效地把握未来发展，获得最大的组织成效。我们认为，计划是对未来行动方案的规划。它是人们的主观对客观的认知过程，是计划工作的结果。

一般来说，计划工作有广义和狭义之分。广义的计划工作包括制订计划、执行计划和检查计划的执行情况三个阶段的工作。狭义的计划工作则是指制订计划。我们这里主要指狭义的概念。

（二）计划的特点

1. 首位性

在组织的管理中，计划是进行其他管理职能的基础或前提条件。计划在前，行动在后。组织的管理过程首先是明确管理目标、筹划实现目标的方式和途径，而这些恰恰是计划工作的任务。计划位于其他管理职能的首位。

2. 普遍性

在一般组织中，实际的计划工作涉及组织中的每一位管理者及员工，一个组织的总目标确定之后，各级管理人员为了实现组织目标，使本层次的组织工作得以顺利进行，都需要制定相应的分目标及分计划（如上到总经理，下到第一线的基层管理人员，都要制订计划。这是主管人员的权利，也是一项责任，不然就不是真正的、合格的主管人员）。这些具有不同广度和深度的计划有机地结合在一起，便形成了多层次的计划系统。同时，所有组织成员的活动都受计划的影响或约束。计划具有普遍性。

3. 目的性

计划的目的性是非常明显的。任何组织和个人制订的各种计划，都是为了促使组织的总目标和一定时期的目标得到实现。在计划工作过程的最初阶段，制定具体的、明确的目标是其首要任务，其后的所有工作都是围绕目标进行的。

4. 实践性

计划的实践性主要是指计划的可操作性，并且最终为了实施。符合实际、易于操作、目标适宜，是衡量一个计划好坏的重要标准。计划是未来行动的蓝图，计划一经以指令的形式下达，就会变成具体的行动。不切实际的计划在实践中是很难操作的，漏洞百出的计划将会给组织造成重大损失。为了使组织计划具有可操作性并获得理想的效果，在计划之前必须进行充分的调查研究，准确把握环境和组织自身的状况，努力做到目标合理，时机把握准确，实施方法和措施具体、明确、有效。另外，为了适应环境的变化，克服不确定因素的干扰，应适当增加计划的弹性。

5. 明确性

计划包括实施的指令、规则、程序和方法，直接指引行动，它不仅需要明确的定性解释，还应具有定量的标准和时间界限。具体地讲，计划应明确表达出组织的目标与任务，明确表达出实现计划所需要的资源（人力、物力、财力及信息等），以及所采取行动的程序、方法和手段，明确表达出各级管理人员在执行计划过程中的权力和职责。

6. 效率性

计划的好坏在于效率性的评价，一个好的计划必须最能实现组织的高效率。计划的效率主要指时效性和经济性两个方面。任何计划都有计划期的限制，也有实施计划时机的选择。计划的时效性表现在两个方面：一是计划工作必须在计划期开始之前完成；二是任何计划必须慎重选择计划期的开始和截止时间。经济性是指组织计划应该是以最小的资源投入获得尽可能多的产出。

（三）计划的作用

1. 计划是管理者指挥的依据

管理者在计划工作完成之后，还要根据计划进行指挥，他们要向下级分派任务，并依据任务确定下级的权力与责任，要促使组织中全体人员的活动方向一致，从而形成一种复合的、巨大的组织化行为，以保证达到计划所设定的目标。

2. 计划是降低风险、掌握主动的手段

未来的情况是千变万化的，社会在变革，技术在革命，人们的价值观念也在不断地变

化。计划是预期这种变化并且设法消除变化对组织造成不良影响的一种有效手段。计划是面向未来的，而未来在空间和时间上都具有不确定性和变动性。

3. 计划是减少浪费、提高效益的方法

一项好的计划通过共同的目标、明确的方向来代替不协调、分散的活动，用均匀的工作流程代替不均匀的工作流程，用深思熟虑的决策代替仓促草率的判断，从而使组织的各项有限资源被充分利用，产生巨大的协同效应，极大地提高组织的运行效益，减少许多不必要的浪费。

4. 计划是管理者进行控制的标准

计划就要建立目标，并以各种指标进行明确的表达。这些目标和指标将用来进行工作过程的控制。管理人员如果没有既定的目标和具体的指标作为衡量的尺度，就无法检查下属任务的完成情况。如果没有计划作为标准，就无法开展控制工作，也不能及时地根据生产过程中出现的各种变化来随时调整计划以适应已变化的实际，也就无法实现组织与环境的动态平衡。

二、组织职能

（一）组织的含义

组织是指管理者所开展的组织行为、组织活动过程。它的重要内容就是进行组织结构的设计与再设计。当管理人员在设立或变革一个组织的结构时，就是进行组织设计。我们一般称设立组织结构为组织设计，变革组织结构为组织再设计或组织变革。

（二）组织设计的原则

1. 权力和知识匹配原则

传统管理理论强调职位与权力相匹配，但由于知识、技术的突飞猛进，以职位为基础的权力越来越难以在组织中形成对下属的持久影响力，而以专家构成的参谋部门越来越重要，应赋予专家、参谋部门以相应的职权，以使他们有效地发挥作用，为组织服务。同时，知识的分散化使知识由以前集中于管理人员而回归于员工，对管理提出了分权要求。组织设计应考虑知识与权力匹配的问题。

2. 集权与分权相结合原则

组织应根据实际需要来决定集权与分权的程度。组织设计既要体现统一指挥，又要体现分权。分权的好处是能使各级管理人员具备必要的能力，有利于及时解决问题，调动积极性。既要集中，又要分散，要考虑两者的最佳结合。

3. 弹性结构原则

为了适应环境变化，提高组织的竞争能力，一个组织的结构应具有弹性。也就是说，一个组织的组织结构应具有可变性，要能够根据组织内外部条件变化及时做出必要的调整。

4. 信息畅通原则

现代组织离开信息就无法进行管理，因此要正确设计一个信息传递系统，使信息能够双向沟通，做到信息的反馈准确、灵敏和有力。

三、领导职能

（一）领导的含义

"领导和管理是一对密切联系的概念，如何处理它们之间的关系，管理行为与领导方式如何匹配进而充分发挥领导职能一直是管理实践中关注的焦点。"[①] 领导是管理工作的一个重要职能，是运用权力引导和影响个人或组织，在一定条件下实现某种目标的行为过程。

（二）领导者的作用

1. 指挥作用

在组织的集体活动中，领导者能够帮助组织成员认清所处的环境和形势，指明活动的目标和达到目标的途径。领导就是引导、指挥、指导和先导，领导者除了应该帮助人们，还应站在群体的前列，促使人们前进并鼓舞人们去实现目标。

2. 激励作用

组织是由具有不同需求、欲望和态度的个人所组成的，因而组织成员的个人目标与组织目标不可能完全一致。领导的作用就是把组织目标与个人目标结合起来，引导组织成员满腔热情地为实现组织目标做出贡献。

3. 协调作用

在组织实现其既定目标的过程中，人与人之间、部门与部门之间发生各种矛盾冲突及在行动上出现偏离目标的情况是不可避免的。领导者的任务之一就是协调各方面的关系和

[①] 邓小龙. 领导职能与管理行为探析 [J]. 中外企业家，2014（19）：253.

活动，保证各个方面都朝着既定的目标前进。

4. 沟通作用

领导者是组织的各级首脑和联络者，在信息传递方面发挥着重要作用，是信息的传播者、监听者，是发言人和谈判者，在管理的各层次中起到上情下达、下情上达的作用，以保证管理决策和管理活动顺利地进行。

四、控制职能

（一）控制的概念

从管理的角度上说，控制就是按既定的计划、标准和方法对工作进行对照检查，发现偏差，分析原因，进行纠正，以确保组织目标实现的过程。

（二）控制的基本类型

管理控制按照分类标准的不同，可以有多种分类法。其中最常见的是前馈控制、现场控制和反馈控制。

（三）控制的基本过程

1. 确定控制标准

控制标准是控制过程对实际工作进行检查的尺度，是实施控制的必要条件。确定控制标准是控制过程的首要环节。

标准是一种作为模式和规范建立起来的测量单位或具体的尺度。对照标准，管理者可以判断绩效和成果。标准是控制的基础，离开标准而对一个人的工作或一项劳动成果进行评估毫无意义。

2. 衡量工作绩效

衡量工作绩效是指控制过程中将实际工作情况与预先确定的控制标准进行比较，找出实际业绩与控制标准之间的差异，以便于找出组织目标和计划在实施中的问题，对实际工作做出正确的评估。

3. 纠正偏差

通过调节、干预来纠正偏差是管理控制的实质和关键。在深入分析产生差异原因的基础之上，管理者要根据不同的原因采取不同的措施。调节、干预在大多数情况下是为了纠正不符合计划和标准的行为，但有时计划或标准脱离了实际，调节、干预就变成了修正计划和标准。偏差较大，有可能是由于原有计划安排不当，也有可能是由于内外部环境的变化，使原有计划和现实状况之间产生了较大的偏差。无论是哪一种情况，都要对原有计划进行调整。需要注意的是，调整计划不是任意地变动计划，这种调整不能偏离组织的发展目标，调整计划归根结底还是为了实现组织目标。

第五节　企业经营管理的方法

一、管理的法律方法

（一）法律方法的内容与实质

法律方法的内容，不仅包括建立和健全各种法规，还包括相应的司法工作和仲裁工作。这两个环节是相辅相成、缺一不可的。只有法规而缺乏司法和仲裁，就会使法规流于形式，无法发挥效力；法规不健全，司法和仲裁工作则无所依从，造成混乱。

法律方法的实质是实现全体人民的意志，并维护他们的根本利益，代表他们对社会经济、政治、文化活动实行强制性的、统一的管理。法律方法既要反映广大人民的利益，又要反映事物的客观规律，调动各个企业、单位和群众的积极性、创造性。

（二）法律方法的正确运用

法律方法从本质上讲是通过上层建筑的力量来影响和改变社会活动的方法。法律方法有双重作用，既可以起促进作用，也可以起阻碍作用。如果各项法律和法规的制定与颁布符合客观规律的要求，则会促进社会、经济的发展；反之，其可能成为社会、经济发展的严重阻碍。法律方法由于缺少灵活性和弹性，易使管理僵化，有时还会不利于企业发挥其主动性和创造性。

二、管理的行政方法

（一）行政方法的内容与实质

行政方法是依靠行政组织的权威，运用命令、规定、指示、条例等行政手段，按照行政系统和层次，以权威和服从为前提，直接指挥下属工作的管理方法。行政方法的实质是通过行政组织中的职务和职位来进行管理。它特别强调职责、职权、职位，而并非个人的能力或特权。任何部门、单位都需要建立若干行政机构来进行管理，各机构都有着严格的职责和权限范围。由于在任何行政管理系统中，各个层次所掌握的信息也应当是不对称的，所以行政具有权威性。上级指挥下级，完全是由高一级的职位所决定的，下级服从上级是对上级所拥有的管理权限的服从。

（二）行政方法的特点

1. 权威性

行政方法所依托的基础是管理机关和管理者的权威。管理者权威越高，他所发出的指令接受率就越高。提高各级领导的权威，是运用行政方法进行管理的前提，也是提高行政方法有效性的基础。管理者必须努力以自己优良的品质、卓越的才能去增强管理权威，而不能仅仅依靠职位带来的权力来强化权威。

2. 强制性

行政权力机构和管理者所发出的命令、指示、规定等，对管理对象具有不同程度的强制性。行政方法就是通过这种强制性来达到指挥与控制的目的。但是，行政强制与法律是有区别的：法律的强制性是通过国家机器和司法机构来执行的，是对人们行为的规范；而行政的强制性要求人们在行动的目标上服从统一的意志，它在行动的原则上高度统一，但允许人们在方法上灵活多样。行政的强制性是由一系列行政措施（如表扬、奖励、晋升、任务分配、工作调动及批评、记过、降级、撤职、开除等）作为保证来执行的。

3. 垂直性

行政方法是通过行政系统、行政层次来实施的，因此基本上属于条条的纵垂直（自上而下或者自下而上）管理。行政指令一般都是自上而下，通过纵向直线下达的。下级组织和领导人只接受一个上级的领导和指挥，不接受横向传来的指令。行政方法的运用，必须坚持纵向的自上而下，切忌通过横向传达指令。

4. 具体性

相对于其他方法而言，行政方法比较具体。不仅由于行政指令的内容和对象是具体的，而且实施过程的具体方法也因对象、目的和时间的变化而变化。行政指令往往是在某一特定的时间内对某一特定的对象起作用，具有明确的指向性和一定的时效性。

5. 无偿性

运用行政方法进行管理，上级组织对下级组织人、财、物等的调动和使用不讲等价交换的原则，一切根据行政管理的需要，不考虑价值补偿问题。

（三）行政方法的正确运用

1. 管理者必须充分认识行政方法的本质是服务

服务是行政的根本目的，这是由管理的实质、生产的社会化以及市场经济的基本特征决定的。行政如果不以服务为目的，必然导致官僚主义、以权谋私、玩忽职守等行为；而没有行政方法的管理，同样达不到服务的目的。服务，就企业管理的行政方法来说，是为基层、生产和科研第一线、全厂职工服务的。

2. 行政方法的管理效果为领导者水平所制约

管理效果基本上取决于领导者的指挥艺术和心理素质，取决于领导者和执行者的知识、能力。

3. 信息在运用行政法过程中是至关重要的

领导者要想驾驭全局、统一指挥，必须及时获取组织内外部有用的信息，以做出正确决策，避免指挥失误。上级要把行政命令、规定或指示迅速而准确地下达，还要把各种反馈信息和预测性信息发送给下级领导层，供下级决策时使用。总之，行政方法要求有一个灵敏、有效的信息管理系统。

4. 行政方法要和管理的其他方法有机结合起来

行政方法的运用由于借助了职位的权力，对行政下属来说有较强的约束力，较少遇到下属的抵制，这种特点可能使得上级在使用行政方法时忽略下属的正确意见和合理要求，不利于充分调动各方面的积极性。在管理中不可单纯依靠行政方法，要在客观规律的基础上把行政方法和管理的其他方法，特别是经济方法有机地结合起来。

三、管理的经济方法

（一）经济方法的内容与实质

经济方法是根据客观经济规律，运用各种经济手段，调节各种不同经济主体之间的关系，以获取较高的经济收益与社会效益的管理方法。这里所说的各种经济手段，主要包括价格、税收、信贷、利润、工资、奖金、罚款和经济合同等。不同的经济手段在不同的领域中发挥各自不同的作用。

管理的经济方法实质是围绕着物质利益，运用各种经济手段正确处理国家、集体与个人三者之间的经济关系，最大限度地调动各个方面的积极性、主动性、创造性和责任感。

（二）经济方法的特点

1. 利益性

经济方法是通过利益机制引导被管理者去追求某种利益，间接影响被管理者行为的一种管理方法。

2. 关联性

经济方法适用范围很广，不但各种经济手段之间的关系错综复杂，影响面广，而且每一种经济手段的变化都会造成社会多方面经济关系的连锁反应。有时，它不仅会影响当前经济问题，还会波及长远利益，产生一些难以预料的后果。

3. 灵活性

经济方法的灵活性主要体现在两方面：一方面，经济方法针对不同管理对象。例如，针对企业和职工个人，可以采用不同的手段；另一方面，对于同一管理对象，在不同情况下，可以采用不同方式来进行管理，以适应形势的发展。例如，税收的增减可分别鼓励与限制某一产业的发展，增减的幅度越大，作用越明显。

4. 平等性

经济方法承认被管理的组织或个人在获取经济利益时是平等的，社会按照统一的价值尺度来计算和分配经济成果；多种经济手段对于相同情况的被管理者起同样的效力，不允许有特殊性。

（三）经济方法的正确应用

1. 将经济方法和教育方法等有机结合起来

人们除物质需要以外，还有更多精神和社会方面的需要。在现代生产力迅猛发展的条件下，物质利益对于人们的刺激作用将逐步减弱，如果单纯运用经济方法，易产生讨价还价、一切向钱看等不良影响，助长本位主义和个人主义思想的形成。组织必须结合教育做好精神文明建设。

2. 经济方法的综合运用和不断完善

组织既要发挥经济杠杆各自的作用，更要重视整体上的协调配合。如果忽视综合运用经济方法，孤立地运用单一杠杆，往往不能取得预期的效果。例如，价格杠杆对生产和消费同时有相反方向的调节作用。提高价格可以促进生产，却抑制消费，但在经济生活中有些产品具有特殊的性质，因而，仅凭单一的价格杠杆就难以奏效，必须综合运用一组经济杠杆。

四、管理的技术方法

（一）技术方法的内容与实质

技术方法是指组织中各个层级的管理者（包括高层管理者、中层管理者和基层管理者）根据管理活动的需要，自觉运用自己或他人所掌握的各类技术，以提高管理效率和效果的管理方法。这里所说的各类技术，主要包括信息技术、决策技术、计划技术、组织技术和控制技术等。

管理技术方法的实质是把技术融入管理中，利用技术来辅助管理。善于使用技术方法的管理者通常能把技术与管理很好地结合起来。

（二）技术方法的特点

1. 客观性

技术方法的客观性体现在两个方面：技术是客观存在的，不以人的意志为转移，技术方法产生的结果是客观的。

2. 规律性

技术方法的规律性源自客观性。规律性体现在两方面：技术脱胎于现实世界中普遍存在的客观规律；技术方法是有规律的，每种方法都是有章可循，而不是杂乱无章的。

3. 精确性

技术方法的精确性是指只要基础数据是正确无误的，由技术方法产生的结果就是精确的。正是因为其精确性，技术方法才日益受到人们的青睐。

4. 动态性

管理者在管理过程中经常会遇到新情况、新问题。对这些新情况、新问题，利用过去的技术方法解决可能效果不好。这就要求管理者必须紧密追踪技术的发展，不断更新自己手中掌握的技术武器，防止用过时、落后的技术方法来解决新问题。技术方法因而呈现出动态性的特征。

（三）技术方法的正确运用

1. 技术不是万能的

技术不是万能的，并不能解决一切问题。例如，对某单只股票价格的预测，利用技术有时就没有经验判断和直觉准确。这就是说，技术是有一定局限性的，技术是有一定适用范围的。管理者既不能否定技术的重要性，也不能盲目迷信技术。

2. 多种管理方法结合

既然技术不是万能的管理方法，管理者在解决管理问题时，就不能仅仅依靠技术。相反，应该把各种管理方法结合起来使用，多管齐下，争取收到较好的效果。

3. 使用技术方法有一定的前提

管理者使用技术方法有一定的前提，即管理者本人必须或多或少掌握一些技术，知道技术的价值所在和局限性，并在可能的情况下，让组织内外的技术专家参与进来，发挥他人的专长，来弥补自身某些方面的不足。

五、管理的教育方法

（一）教育方法的内容实质

教育是按照一定的目的、要求对受教育者从德、智、体诸方面施加影响的一种有计划的活动。它包括人生观的培养和道德教育，爱国主义和集体主义教育，民主、法制、纪律教育，科学文化教育等。

教育是管理过程的中心环节，是按照人的思想、行为活动的规律进行的，运用沟通、宣传、说服、鼓励等方式来预防问题、及时发现问题、解决问题，实现既定的管理目标。

（二）教育的方式

我国企业在长期进行的思想政治工作中积累了丰富的经验，行为科学在我国企业中的应用和发展，又给教育方法添加了新的形式，教育方式正在发生着深刻的变化。人们普遍认识到，对于思想性质的问题，必须采取讨论、说理、批评和自我批评的方法进行疏导。对于传授知识和技能方面的教育，也不宜全部采用以讲授为中心的教育方法。因为在讲授方式中，受教育者处于被动状态，接受知识的效率并不高，所以应当减少讲授方式，而较多地采用有目的有指导的小组讨论、现场实习和体验学习等方法，让受教育者按照他们自己创造的学习方法去学习，这样会取得更好的效果。

第二章
企业经营管理模式

第一节　市场经济体制下企业经营管理模式

在中国特色社会主义建设的过程中，社会经济飞速发展，经济体制也发生转变，市场经济体制改革为企业的发展提供了更广阔的空间。"企业的不断发展离不开健全的管理体系，同时企业的经营管理活动在进行时还应该和企业的发展诉求之间互相契合。"[①] 因此，企业管理者必须根据企业自身的特点，创新经营观念，建立科学、有效的经营管理模式，从而不断提高企业的经营管理效率。

一、企业经营管理活动的重要意义

"近年来，我国市场经济持续深入，各大中小企业在面临着来自行业内竞争的同时，也在不断寻找新的思路和方法，以促进企业的持续健康发展。其中，运用现代企业经济的管理模式促进企业的经营活动发展，成为一个重要课题，在很大程度上影响着企业的未来发展趋向。"[②] 事实上，各企业之间的竞争就是各自经营管理模式的较量，只有建立了科学有效的管理体系，才能真正提高企业的综合实力，加快企业的发展进程，提高企业经营的净利润。市场经济体制下，企业经营管理更注重对企业经营活动的规划能力，强调计划性、组织性和协调性，注重实现企业生产价值和经济价值的最大化，为企业创造更多利润。

在以往计划经济政策实行的过程中，企业的生产经营受政府资金的扶持，企业盈利具

---

①吴雅茜. 大数据时代企业经营管理的挑战与对策研究 [J]. 财会学习, 2023, 362 (09): 147.
②唐贞伟. 现代企业管理模式与经营活动探析 [J]. 商业文化, 2022, 527 (02): 42.

有一定的保障，重视产品生产过程；但市场经济政策的实行改变了这种形式，强调市场这只"无形的手"，重视市场本身的调节作用，重视企业自身的经营管理活动。因此，企业经营管理制度的建立是保障其经营活动正常运转的关键，也是企业提高自身竞争力的关键。

二、市场经济体制下企业经营管理策略

（一）创新经营管理思想

在科学技术飞速发展的 21 世纪，信息化管理是企业管理必须顺应的潮流，是适应现代社会需求的表现，也是提高企业核心竞争力的必要手段。因此，企业管理者必须创新管理观念，加快企业管理的现代化步伐。企业经营管理模式的建立必须立足于长远发展，从大局出发，对企业的战略方针进行统筹规划。从企业的发展方向入手，聘用专业的管理人员，同时加强对企业人员的思想培训，在企业内部营造创新氛围，鼓励员工参与管理，从根本上提高企业的经营活力。

（二）加强人力资源管理

人力资源管理者必须重视人文要素，建立以人为核心的企业文化，重视企业文化对企业管理的重要作用。人力资源管理工作的管理效果与企业内部人员的支持和配合密不可分。人力资源管理者必须从员工的角度出发，改变主导思想，建立有效的激励和考核机制，也可以组织定期培训，加强其员工对市场经济环境的认识，不断提高其综合素质。

另外，人力资源管理的核心是对人进行管理，即使事先已经制定了管理方案，但在实际执行的过程中难免会出现一些问题，这时就要对问题进行灵活处理，建立有效的问题解决机制。

（三）完善企业组织结构

为了提升企业经营管理的效率，必须改变企业内部烦琐的组织结构，根据企业发展规划，对各项业务进行整合和重组，坚决取缔不必要的部门设置。同时考虑企业运营成本与企业员工之间的平衡，通过技术考核等手段对员工进行合理调配，给予员工二次选岗的机会，充分激发员工的工作积极性。同时，科学的组织结构要求企业必须改变原有的多层管理机制，企业管理者应学习扁平化组织结构管理思想，尽快实现企业各部门的通力合作，提高部门间信息传递效率，从而推动企业的长远发展。

（四）完善企业经营管理制度

随着时代需求的变化，市场上各行业的竞争不断加剧，完善企业经营管理制度是提高企业竞争力的另一重要手段，符合市场经济环境的要求。

首先，企业应正视自身管理模式所存的问题，全面考查本企业所拥有的各项资源和技术，制订长远的发展计划。

其次，企业管理者要对生产经营制度进行改革，引进新的技术和设备，加强对生产环境的控制。

最后，重视市场管理，了解市场需求，从而对生产流程、销售制度等及时做相应调整，提高企业产品或服务对市场的敏感度。

综上所述，市场经济体制改革是我国经济转型的关键，市场经济体制的建立也加剧了企业间的竞争，对企业的要求变单一为综合，那么尽快转变经营管理模式就成为各企业在新环境中的制胜法宝。企业管理者必须摒弃落后的管理理念，结合企业特点，制定全新的发展战略，重视人力资源管理，加快企业内部组织结构改革和经营体制改革，顺应时代的发展潮流，从根本上提升自身核心竞争力。

第二节　基于市场营销角度下企业经营管理模式

随着我国市场经济体制的不断完善，企业所面临的生存环境发生了很大的变化，而在市场经济的发展中，存在着自己的客观规律，这些规律的存在能够为企业的经营管理提供必要的借鉴。而市场营销工作的开展，都是建立在市场经济规律基础之上，开展更为高效的经济活动，为企业创造更大的经济价值。在这一过程中，企业需要顺应市场经济的发展要求，对经济管理模式进行优化，实现自身的可持续发展。通过不断优化企业的经营管理模式，以市场营销理念为指导，能够更好地推动企业核心竞争力的提升。

一、基于市场营销角度下企业经营管理模式的重要性

（一）提升企业经济效益

在现代市场经济环境下，企业想要获得更好的发展，必须制定合理的企业目标，为企业经济效益的达成提供可靠保障。企业只有获得更大的经济效益，才能为后续的生产与发

展工作奠定基础，推动企业组织结构的升级优化。在企业的内部管理中，经营管理模式作为其中的重要内容，能够更好地满足企业经验战略的发展需求，推动企业管理水平的提升，为企业经济效益的改善打下良好基础。而通过以市场营销角度来对企业的经营管理模式进行分析，能够更好地实现各项经营管理针对性的提升，同时推动企业的经营管理模式升级，保障企业的可持续发展。

（二）增强企业市场竞争力

随着我国改革开放的不断加深，企业所面临的生存环境已经发生了很大的变化，稳中求进成为诸多企业发展的目标。在市场营销角度下的企业经营管理模式优化，能够更好地针对自身的市场定位，从市场经济的规律出发，在激烈的市场竞争中获得优势。而在企业的经营管理中，对市场规律的把控，成为管理活动得以成功的根本保障。这就需要在开展经营管理的过程中，企业必须对生产经营中面临的问题进行分析，同时借鉴大型企业在经营管理中的经验，应对市场变化，实现自身的快速稳定发展。在开展市场营销的过程中，需要对市场价格与需求进行合理的分析，结合企业的经营管理理念，实现经济策略的优化，增强企业的经济效益，提升企业的市场竞争力。

二、基于市场营销角度下企业经营管理模式的优化

（一）构建科学监督机制

在现阶段的企业发展中，管理者所面临的市场环境更加复杂，各种诱惑的出现，使得部分意志不坚定的企业管理者，经常会出现迷失自我的情况，影响了企业的可持续发展。因此，在企业的经营管理模式优化中，必须构建科学的监督机制，针对目前管理机制中存在的问题，做出相应的调整与改进，为企业内部监督机制的完善打下良好基础。与此同时，企业需要结合市场的发展需求，对自身的目标进行调整与优化，从而弥补传统监督制度中存在的不足，将监督机制的作用充分展现出来。特别是对于企业的财务管理来说，必须要开展有效的监督工作，实现企业成本控制水平的提升，为企业市场竞争力的提升提供可靠保障。在当前的市场经济环境下，企业发展中的各个阶段，包括投资、筹资以及经营等，都会出现各种风险，只有实现管理模式的创新，才能开展市场风险的有效控制，提升企业的市场竞争力。

（二）优化组织结构

在时代不断进步的情况下，企业在进行经营管理模式改进的时候，需要对组织结构进

行优化，从而适应市场经济体制的发展要求，为企业的可持续发展做出更大贡献。在这一过程中，企业需要紧跟时代的变化，加快管理理念的创新，对组织结构模式进行转变，提升整个经营管理的灵活性与高效性。在企业的经营管理中，只有形成高效的组织结构以后，才能保证各项经营活动的高效有序开展，实现经营管理水平的提升。

除此之外，企业管理者需要从市场需求的角度出发，对自身的组织结构进行精简，保证每一个部门的职责能够覆盖企业的发展需求。特别是在企业管理过程中，应该强化与员工之间的沟通，在企业内部形成良好的人际关系，激发员工的工作热情，为企业的发展做出更大贡献。

在当前的市场经济体制下，企业需要对市场规律形成正确的认知，优化自身的经营管理模式，从市场营销的角度出发，创新自身的经营管理模式。为了更好地应对当前市场经济带来的挑战，企业必须从市场经营的角度，对企业的经营管理模式进行优化，增强企业的核心竞争力。

第三节　世界级企业的经营管理模式

企业是国家创新体系的核心主体，世界级企业更是科技创新强国建设的"领头雁"。在全国科技界和社会各界的共同努力下，我国科技创新持续发力，加速、赶超、跨越，实现了历史性、整体性和全局性重大变化，企业、产业和国家创新实力大幅增强，已成为具有全球影响力的创新大国。然而，我国创新驱动战略尚未有效和全面落实，国家创新体系整体效能亟待提升，提高我国企业在全球价值链中的地位仍任重道远。

一、世界级企业的概念界定

综观企业发展史和世界五百强企业，以及那些对人类社会和产业进步发挥重要推动作用的卓越企业，我们必须认识到，世界级企业不是单纯规模大、产值高或市场占有率高的企业，也不单是具备单一市场或单一技术、产品优势的企业，更不是单纯追求经济效益的企业。世界级企业是立足本土，面向全球，愿景清晰，使命高远，秉持企业家精神，有效把握和运用企业经营管理基本规律，依靠艰苦奋斗和持续创新，持续引领企业和产业技术跃迁，从而有能力、有效和持续地进行经济价值创造，同时承担社会与国家发展使命，推动全球包容可持续发展和赋能人的价值实现与幸福感提升的企业。

二、世界级企业的基本特征

被誉为"创新的先知"的熊彼特在其经典著作《经济发展理论》中指出，伟大的企业和企业家是时代的产物，也是推动时代转型与社会进步的中坚力量。无论是诸如谷歌、微软、苹果、IBM、通用电气、丰田汽车、西门子、富士胶片、杜邦、强生、亚马逊等发达国家的世界级企业，还是如塔塔集团、华为、中国中车、中广核、中集集团、阿里巴巴、腾讯等日益走向全球的新兴经济体企业，它们都具有典型的共同特征：不但在销售额、市值、市场占有率等硬实力上显著超越同产业、同领域、同时代的其他竞争者，同时也在创新力、社会责任与影响力、公众信任度与尊敬度等软实力上拥有卓越表现。创新是国家和民族进步的核心驱动力，更是世界级企业生命力的源泉，它们据此实现效率、效益和品质领先，持续引领国内外资源配置、行业技术创新、全球产业发展和推动社会进步。概言之，世界级企业是时代的企业，更是显著推动时代进步的企业。

三、世界级企业的经营管理

当前，中国特色社会主义进入新时代和对外开放迈入新阶段，全球范围内以数字化、网络化、智能化为代表的新一轮科技与产业革命方兴未艾，工业经济加速向知识经济转型；中国发展也正在从需求驱动走向创新驱动，从引进模仿和追赶为主迈向超越追赶引领创新，深度参与并重构全球价值链，并正在积极倡导新型区域和全球经贸与创新体系。在这一时代背景下，需要重新认识和把握企业经营管理的基本规律，总结世界级企业的典型模式，从而加快培育具有全球竞争力的世界一流企业。

当前和未来相当长一段时期，企业经营管理的基本思想需要从传统的运营导向转变为创新导向，重点通过差异化的定位战略和持续创新变革的发展战略，朝着世界级企业的目标迈进。新时代世界级企业经营管理的基本规律与特色体现在以下六个方面。

（一）愿景驱动

伟大的组织能够实现基业长青，最主要的条件并非结构或管理技能，而是超越经济目标的信念驱动。愿景是领导者的经营哲学、企业核心价值观和发展使命的集中体现，其不但是组织的精神动力，也是组织可持续发展的保障，更能够服务于组织经营，进而持续提升组织绩效。

明确和坚守企业愿景与使命是一个艰难的过程，但正因其难，驱动力越强。在人类群体中，很少有像共同愿景这样能激发出强大力量的因素。例如微软的愿景和使命是"赋予全球每个人和每个组织强大的力量，使其取得更大成就"；阿里巴巴的愿景则是"让天下没有难做的生意"；而一贯被批评"没有梦想"的腾讯，也于近期将企业愿景和使命更新为"科技向善"。微软、谷歌、亚马逊、苹果、阿里巴巴等世界级企业，都是将自身生存发展目标与国家和全球发展的趋势与共同挑战相结合，制定超越经济目标、独特而清晰的使命与愿景。

（二）战略谋划

战略谋划是最重要的计划形式之一，是组织的一种总体行动方案，是为实现愿景和使命而做的重点部署。明确而清晰的战略是组织在竞争中取胜并保持生机和活力的重要前提。企业战略已经成为决定企业竞争成败的关键与核心问题之一。战略谋划具有全局性、连续性和假设性三个主要特征，是对企业所处竞争环境和对手的特征、演变与趋势的全局性、动态性和前瞻性判断与应对，有利于企业明确方向、合理高效配置组织资源从而获取竞争优势。例如，苹果公司以最早的个人电脑业务为主，利用对技术创新趋势和市场趋势洞察，实现了从个人电脑业务向手机移动业务的转型，抓住了 PC 互联网向移动互联网的新发展机遇，如今面临中高端手机市场的饱和和激烈竞争，又在谋求通过向中低端市场渗透来保持复合增长。日本富士胶片通过对现有技术和新技术前景的战略预判，做出从传统胶片业务向数码技术转型的战略大转弯，如今已成功转型成为医疗成像和生命器械领域的千亿级营收企业。

知识经济和人工智能时代，企业的战略谋划应该更加兼顾技术创新与伦理治理、环境保护，更加关注中长期战略谋划与短期战略执行的动态平衡匹配。与此同时，数字经济模式也正在冲击和改写着包括关注单一优势的波特战略、关注两种竞争优势的蓝海战略等传统企业竞争优势理论，商业生态系统的兴起也加速了竞争理念的式微和面向协同共生的战略运营体系的崛起。谷歌、亚马逊、海尔等公司的实践表明，差异化、低成本和集中策略可以同时实现，也能够实现商业伙伴的共赢。

（三）重视能力

基于资源观的企业管理理论普遍认为企业有形资源和无形资源的组合能够带来能力的积累和提升，而核心能力则是企业竞争优势的源泉。资源基础观等理论认为企业可以看作资源的有机组合，这些资源包括人员、财务、设施、技术、管理等有形资源，也包括文化、品牌、关系等无形资源。在拥有资源的基础上，还需要提高组织内部的学习能力来释放异质性资源的价值，并且要能够主动创造、购买和转化组织内外的资源。组织学习的途径主要分为利用性学习和探索性学习。利用性学习侧重对现有技术和资源价值的充分利用，有助于企业在现有技术和产品轨道上不断提高技术能力和产品质量。而探索性学习则恰恰相反，强调对组织未来发展所需的技术和产品的探索性开发，虽然探索性学习的投入更多、风险更高，但是对打造组织面向未来市场需求的技术与核心能力具有重要的战略意义。例如，谷歌和 3M 公司都注重给予员工 15%~20% 的工作时间来开展自主探索而不管这些方案是否直接有利于公司，虽然没有明确的时间控制，但是这种鼓励探索和创新的文化和理念，促成了组织内个体和团队开展探索性学习和创新的重要"场域"，也是世界级企业实现持续跃迁的重要手段。3M 公司在公司战略中也明确强调"投资创新，既要专注于现有的市场机会，同时更要关注未来的大趋势"。

数字化和零工经济时代，如何将员工的个人能力转化为公司能力，则成为日益企业提升核心能力的重要议题。对此，3M 公司的做法是在公司的领导行为准则中明确列出一条"坚持诚实的品质与透明化的管理，自我发展并帮助员工成长"：一方面，通过公司愿景和文化激励员工自我发展，并通过技术卓越奖与创新奖来及时奖励创新者；另一方面，也建立双梯职业发展进阶制度，为个人核心能力强的员工提供足够的职业上升激励。

此外，3M 还设立了内部孵化器和天使投资，确保公司能够及时将员工的个人能力和创新成果吸收转化为组织未来发展的核心能力。中国的海尔集团则是更进一步，通过开放创新平台建设，打造共创共生的生态，将外部的创新资源和创意吸纳作为企业能力提升的一个重要渠道，实现了内外部创新资源的高效整合。

（四）以人为本

以人为本的人文精神是近现代西方科学的主流价值导向，也和中国哲学的根本精神高度吻合，是东西方管理思想的共同价值内涵，也是对"人企合一"企业经营管理规律的深化发展。以人为本的经营管理理念是确保员工和企业共同成长，进而实现企业持续更新、基业长青的根本保障。卓越的企业家首要的任务是通过设立伟大的愿景和可行的战略与组织模式，将公司的愿景与个人愿景有机整合，并通过管理模式的改善和企业文化的培育，鼓励组织内部的多样性和互补性合作，激活员工的主动性和创造力。将员工视为企业最宝贵的资源之一，一方面，以优秀的企业文化和薪酬待遇吸引高创造力的个体加入；另一方面，给予个体以充分的信任和赋权，尤其是建立公司范围内高度透明和高度民主化的沟通决策和反馈机制，既保障了公司战略意图和使命的高效传递与执行，又能够激活自下而上的创造力与创新积极性。

（五）　持续创新

世界级企业一定是与时俱进、与时代共成长的企业，通过拥抱变革、持续创新的企业文化和动态协同的组织学习与创新网络，实现包容赋能，打破路径依赖、破除核心刚性，是实现基业长青的根本所在。外部环境越是复杂多变、模糊无常，企业越需要强化对创新流和技术流的管理能力，从而抓住非连续性创新机遇，实现技术和产业向高地的跃迁。

如今，创新已经不仅是产品和技术的研发，还融入商业过程的重塑以及全新市场的开辟中。甚至，管理创新的重要性要大于技术创新、流程创新和商业模式的创新。创新的四个层次分别是营运创新、技术创新、战略与商业模式创新、管理创新。持续创新的主要模式包括以科技创新为核心的全面创新，如西门子、3M、华为和格力电器；突破组织边界、面向用户、内外协同共生共创的开放式创新，如宝洁公司和海尔集团；在现有技术基础上开展探索性研发和新市场开辟，实现非连续性技术创新或市场颠覆式创新，如亚马逊网上书店、从低端逆袭的吉利汽车、核心业务消失但核心技术永存的富士胶片公司；利用更少资源为更多人提供更好产品与服务的朴素式创新，如印度塔塔公司生产的高性价比汽车，宝洁、通用、强生等公司开发的适用于发展中国家和贫困地区用户的产品；产学研用一体化的协同创新，如谷歌公司与高校学者共建 Google X 实验室，华为、中国中车等公司与顶尖高校共建研发中心攻克核心技术。

（六）　追求卓越

即应用全面质量管理、精益管理、复杂系统科学管理等经营管理的方法论与系统工具，实现企业创新文化、创新经验和创新目标的显性化、制度化与动态优化。追求卓越，是在战略一流、人才一流的基础上实现质量一流、技术一流、服务一流，从而持续保持品牌一流和管理模式一流。精益管理源于精益生产，被誉为最适用于现代制造企业的生产组织管理方式。精益管理由最初在生产系统的管理实践成功，已逐步延伸到企业的各项管理业务，也由最初的具体业务管理方法，上升为战略管理理念和创新战略。精益管理和精益创业能够通过提高顾客满意度、降低成本、提高质量、加快流程速度和改善资本投入，实现股东价值和社会价值最大化。

如格力电器应用精益管理和全面质量管理思想，探索构建了创新管理与质量管理相结合的"质量预防五步法"和"质量技术创新循环"。前者通过需求调研、计划制订、执行落实、检验检查、改进优化等 5 个步骤，对质量管理体系进行严格的过程管控，从源头杜绝质量问题，确保产品"零缺陷"。后者则从顾客需求引领、检测技术驱动、失效机理研究、过程系统优化四个方面运用适宜的质量工具和方法，深入排查质量隐患，有效保证质量技术创新的效率和成功率，助力格力在空调行业持续保持行业质量水平和经营绩效全球第一。中国中车青岛四方公司通过精益现场、精益制造、精益管理的探索，形成生产、公益、质量和物流等多项管理链，将精益思想与专业化管理融合、落实在制造现场。而中国商飞则是通过面向超复杂产品系统的科学管理，成功研发和试飞 C919 大型商用客机，成为中国民用航空跻身世界级航空公司的里程碑。

第四节　大数据时代下企业经营管理模式

随着社会的不断发展和科技的不断进步，我国已进入了大数据时代，很多企业的经营管理和商业模式都受到了影响。因此，企业的经营管理与发展也应该与时俱进，不断创新，与社会需求相适应，这样才能保证企业的发展壮大。

一、大数据时代下企业发展面临的挑战

（一）整合多样化数据

随着经济的快速进步和科技的不断发展，大数据时代已经到来，现代企业应利用传统和现代两种方式进行信息的采集和数据的收集，并利用互联网上的广泛信息进行电子资源收集。在大数据时代下，企业不仅需要在网络中进行图片采集和数据收集，还要对各类视频信息进行收集，根据企业的经营管理模式和发展特点，通过信息数据的处理方式实现对结构信息发展的要求。此外，通过实践研究发现，企业对于非结构化信息部分无法做到处理和管理分析，对数据的整合也不到位。多样化数据的整合是企业经营管理的重要组成部分，此类形式的管理从根本上分析仍然是企业发展所面临的巨大挑战。

（二）数据的实时分析

随着全球经济化的不断深入，现代企业的发展无论从外部环境还是内部角度进行分析，都能明显看出其着重的转变特点。换言之，企业的数据处理任务在不断增加，对于企业经营管理需要通过数据的实时分析来把握研究，由此可以及时地掌握企业经营管理动态，根据企业的具体情况，提高对数据的处理效率，以此促进企业的发展。企业每天都要面临着很多信息处理任务，信息处理量的增加也对企业的信息处理效率和数据处理质量提

出了更高的要求。企业在信息处理过程中需要严格遵守及时性的特征，信息和数据的及时处理会对企业的发展产生直接影响，对数据的实时分析，以及企业的信息处理效率和数据处理质量，是企业可持续发展的重要保障。

二、大数据时代下企业经营管理发展策略

（一）创新企业经营管理模式

在大数据时代的背景下，企业发展需要改变传统的经营理念，创新经营管理模式，满足资本计量和转移等需求，为企业未来的可持续发展带来新的转机。在大数据时代下，数据成了一种资本和产业，而传统的企业经营管理模式只是把数据作为参考的辅佐信息，没有重视数据的作用，但是现代企业需要把这些数据变成一种资本，为企业的发展和客户的需求提供更多有价值的、宝贵的信息，从而满足企业的管理和运营。此外，数据也为企业未来计划的实施提供了决策性的建议，通过创新企业经营管理模式能够充分地利用这些数据信息，实现企业的可持续发展。

（二）整合广泛的数据信息

大数据时代的到来影响着企业的经营决策。以前，传统的企业在经营管理方面需要依靠大量的物力、人力、财力，在整合所有企业资源后进行分析和整理，进一步推算企业发展的未来趋势，并解决企业在以后的经营管理中可能遇到的问题。而当今，有效利用大数据的企业能够拥有更先进的技术支持，通过整合广泛的数据信息进行计算机技术处理和分析，通过数据更直观地看到企业的未来发展趋势，在未来的运营基础上进行优化管理，然后制订后续的企业发展目标，充分满足了企业的发展需求，使企业能够在未来健康地可持续发展。现代企业经营管理最重要的就是掌握数据的先进性，企业应在数据信息平台中进行量化和分析，并及时对大数据进行处理和优化，凭借对数据信息的有效整合实现企业的发展，促进企业内涵的提升。

（三）开发与管理人力资源

在大数据时代下，企业对大数据的处理方式和对信息的管理方式都属于资源管理的一种，通过对企业人力资源的开发和管理，能够有效地优化企业内部结构，也能充分利用企业资源，避免企业人力、物力、财力的浪费。同时，在大数据时代中，带来的网络环境充满了各式各样的冗杂信息和负面数据，这就需要企业在开发和管理人力资源过程中需要掌

握更高效的数据分析技术，为后续的数据分析和信息整理工作奠定基础。此外，为了实现企业的健康可持续发展，必须以有效整合人力资源为基础，对不同专业的企业人员进行培训，保证软件技术人员以及数据处理和信息管理人员的质量，培养出复合型的高技术人才，为企业提供有力的人力资源保障，提升企业的核心竞争力。

总之，在大数据时代下，企业的经营管理模式也应与时俱进，不断适应社会发展的需求，通过对数据的实时分析、创新经营管理模式、整合广泛的数据信息、开发和管理人力资源等方式，有效地进行数据处理和信息管理，促进企业内涵的提升，以及培养复合型的高技术人才，为企业提供有力的人力资源保障，提升企业的核心竞争力，从而实现企业的健康可持续发展。

第五节　媒体融合背景下传媒企业经营管理模式

一、媒体发展的历史阶段

（一）第一阶段：无声电影时代

无声电影时代始于 1896 年，在还是以纸质媒介为主要传播途径的年代，这样生动强烈直观的视觉冲击体验的产生，震惊了整个西方世界，按照当时的科技水平，这样的无声电影无疑是当时科技应用到传媒行业的最高水平，所以一经问世就成为传播的主流，西方人民的日常娱乐中处处可以看到无声电影的影子，这样的传媒渠道也冲击了传统的戏剧行业，使很多剧院的票房大幅度缩水，甚至有些剧院经营不善导致破产关闭。同时很多剧团也失去了谋生的手段。从经营角度来说，这个时候就已经显示出传媒企业经营管理战略上的特点。

（二）第二阶段：广播电视时代

到了 1928 年，无声电影已经满足不了人们对于广大信息量的需求，于是广播行业应运而生，使无声电影和纸媒受到了巨大的冲击，但电影行业和纸媒并没有坐以待毙，他们为了保证自己不被新型的传媒挤出市场做出了很多的努力。例如，他们也感受到了广播行业所带来的便利，于是将广播与报纸和电影相结合，在这样的发展形态下，形成了报广融合的传媒思维和方式。

到了 1950 年，生产力进一步地提升，于是就迎来了电视时代，电视能够很好地将音频与视频相结合，带给观众更加直观生动的影音体验，并且由于电视新闻的及时性，观众也能够更加快速准确地获得信息，电视在娱乐方面做得尤其出色，人们省去了出门看电影的时间，只需要买一台电视就可以足不出户地观看自己喜爱的电视节目，那么为了应对电视行业对于广播所造成的冲击，广播行业又开始积极地与电视行业相整合，发展电视媒体。从西方的传媒历史来看，从起初无声电影时代，到广播时代，再到电视时代，几个过程均为融合发展的历程，通过媒体融合推进技术更新。

二、媒体融合背景下传媒企业经营管理的特点

随着科学技术的更新与应用，新技术、新手段、新科技层出不穷，迫使传媒行业必须要在各个方面都要创新和转型，尤其是在管理模式上，因为每种传播方式的崛起和衰落都伴随着新技术与旧技术的博弈与冲突，在这样不断地碰撞下，传媒行业摸索出了自己的一条融合发展之路，按照西方传媒史中将媒体进行融合的情况，每阶段的融合与技术更新，都有着相同的情形，包括以下三个方面。

（一）内容的跨媒介平移

正是由于传统媒体始终坚持内容为王的理念，所以在数次的媒体渠道的更迭当中，即使面对新媒体强有力的冲击，传统媒体也能够在每一次冲击中焕发出新的生机，不断地寻求技术的突破，将先进的技术结合起来，寻求独特的发展道路。参考在无声电影的发展时期，很多剧院为了应对行业的衰退，就会采取将新排的剧目转变为电影的做法，伴随广播的来临，其也在逐渐应用自己的方式，以新闻的方法把报纸向广播节目进行迁移，这些做法的共同特点就是传统的媒体行业利用新型的媒体技术实现传播渠道的转换，达到内容为主的转型与创新。从媒体融合的方向上看，传统媒体在受到新媒体的冲击情况下的普遍做法就是实现内容的跨媒介迁移，在新媒体冲击和引导的前提下，传统媒体借助新技术重新定义自身，保持生机和新鲜感，始终跟随时代的潮流。根据传媒史的经验，即使是在新媒体主导的形势下，传统企业的经营管理模式也必须以内容为主，要坚持为自身的受众提供快捷便利有效的传播渠道，提供可靠且质量高的内容，发展出适合自己本身实际的内容，打造出特色和品牌。

（二）双维度的并购重组

双维度并购重组，一般来指同一传媒行业间通过兼并与融合的方式进行重新组合，也

可以指为了抢占新兴的市场，所出现的跨行业之间的并购与整合。这两种模式是媒体融合时代最具有标志性的特点。前者的变化与发展的主要影响因素，是由于新媒体的大力冲击，为维护自身传统媒体的市场占有率，保持自己所处的地位优势，开展对其他同类企业实行合并、收购的过程，不断地提升整个传统媒体行业的规模和效益。这个特点不仅体现在当今的新型互联网媒体蓬勃发展的时代，而在早期的无声电影和广播媒体行业就已经开始了。在跨行业的整合当中，传统行业则需要通过跨领域的并购，实现获得经济效益和社会效益的战略性的投资，只有这样才能够优化行业内部的优势资源，把控整个媒体行业。总而言之，在新媒体的冲击下，传统的传媒企业一般都会选择双维度的并购重组，以此逐步地掌握新技术。

（三）技术与管理的协同发展

在媒体融合的过程中，传统媒体行业受到新媒体行业发展的强烈冲击，这样就会在一定程度上倒逼传统媒体行业不断地创新，以此弥补自身技术上的短板。不过传统媒体行业的经营管理过程当中，技术并不是最重要的管理部分，企业技术的革新是一个需要多方配合的活动，需要强有力的制度和经营管理模式作为保障。另外来说，新媒体技术想要得到相应的运用，也需要重组传统的业务板块，优化整合资源，所以需要新旧技术的协调发展。从传媒史来看，虽然新技术的不断发展使有声电影能够大量地普及，但是想要真正实现音视频的同步，也是需要美国和日本等地的发达公司同时进行技术研发，从那以后很多的传媒企业都会研发自己的新技术，将技术与管理协同创新。由此可见，传统传媒行业的发展过程中是离不开新技术与新的管理模式的，二者缺一不可。

三、传媒行业经营管理的主要路径

（一）增强与数字互联网技术的融合

新媒体的发展依托于移动数字端的蓬勃发展和互联网技术的不断应用，所以在当下阶段传统媒体势必与新媒体进行融合，根据传媒历史经验来看，融合的基础是以数字化为载体的内容。需要注意的点在于传统的传媒企业需要以新媒体技术作为切入点与新媒体进行融合，并且要以内容为主，不断拓宽产品形式以及传播的渠道，实现传媒企业产品服务形态的良性循环。

（二）推动企业内部融资机制的创新

传媒企业要想实现企业经营规模的扩大和经营效益的增加就必须调整战略发展目标，

需要以新业务带动整个产业布局。首先要加快文化战略投资者的转变，以应对新媒体技术的战略投资，使传统传媒行业的经营者，转变自己的角色为新兴传媒的参与者，相应的从业人员需要及时地改变自己的理念和认知，热衷并且接纳自己的新身份，成为互联网技术的一员，成为互联网市场发展的引领者。因此，传统媒体行业在当今时期不能因为自己行业的衰落，就感到灰心丧气，甚至是放弃自己所从事的行业；要看到危机当中存在的机遇，要把握好这样的红利时期，积极地开展并购重组，要充分认识到员工的重要性，不断地调动员工的参与性和积极性，培养员工的创新意识和能力，实现人力资源的整合，提高企业的经营效益。

（三）培养企业全方位创新型人才

每一个行业要想获得长久的发展，都需要人才的参与建设，所以行业的竞争归根结底就是人才的竞争，因此传统媒体需要培养具有高技术的创新性的人才，使其能够带动整个行业的发展，那么在招聘阶段，企业就应该注重招聘科技型的人才，利用人才的技术优势和专业的素养为行业带来新鲜血液，为企业规划更加合理的创新发展战略，帮助企业更新理念、更新技术，使企业在竞争日益激烈的环境中能够体现出自身优势，大力支持职工跨行业的学习，提供各种机会，为培养专业类人才提供保障。

目前，我国媒体融合发展是传媒企业实现进一步发展的必由之路，也正是基于此背景，传媒企业应及时理清新形势下的企业发展思路，掌握媒介融合的发展特点，积极发挥出新媒体优势，将资源进行最优化整合，体现出优势互补，以此来加强自身的创新发展和融合发展。

第六节　新时代中国特色企业经营管理模式

随着改革开放进入攻坚期和深水区，我国大中型企业的发展面临着一系列复杂的挑战与困难。为顺应市场竞争机制和我国自身发展特点，一套科学的经营管理模式是企业发展的基本保障，能确保企业在结构转型期平稳运作，朝正确的目标前进。

一、中国特色企业经营管理模式的构建意义

经过改革开放四十多年的发展，我国的 GDP 总量和综合国力均已达到世界第二位，这就要求企业提供的产品和服务均须融入最新的文化和科技成果。从长远来看，中国企业

只有将自主创新作为原动力才能在日益激烈的市场竞争中获得一席之地。而自主创新首先要做到经营管理制度的创新。因此，在吸收西方优秀管理经验的基础上，建立一套适合我国国情的中国特色企业经营管理制度是当务之急。

（一）企业结构转型与深化改革的需要

随着改革开放进入深水期，我国企业在获得大量发展机遇的同时，也面临着更大更复杂的挑战。尤其是在全球化和信息化的冲击下，原有的管理模式和理念体系不再适应新时代深化改革的需求。而一套能快速响应，将创新意识融入整个管理过程中，能不断进行战略创新、制度创新、组织创新、观念创新和市场创新的管理理念才能满足结构转型和深化改革的要求。另外，随着我国人民的物质和精神需求不断提高，将人本文化融入企业管理中，实现企业和员工共同成长，促进企业健康发展也是新时代经营管理理念的重中之重。

（二）企业提升市场竞争力的内在需要

企业经营管理模式起源于 20 世纪七八十年代，它不仅是研究企业的管理制度，同时也是企业文化和企业的核心竞争力的组成部分。是企业在激烈的市场竞争中不断提升核心竞争力的重要源泉。在我国完善中国特色社会主义市场经济制度和市场全球化的大环境下，企业也应当对自身的经营管理模式进行相应调整。只有这样，我国企业才能在世界经济格局发生翻天覆地变化的情况下，不断提升企业的核心竞争力，在日益激烈的市场竞争中求得生存。

二、中国特色企业经营管理模式的建设措施

（一）构建中国特色的人本管理模式

传统的企业经营管理模式均是以追逐经济利益作为首要目标的，而忽略了人文关怀，使得企业员工很容易失去奋斗目标，从而造成许多无谓的经营成本。而马克思主义人本思想认为人既是实现企业目标的工具，更是企业发展的目的。企业要切实转变经营管理观念，把关怀职工、调动人的主观能动性作为生产经营和用工管理的重要内容。只有这样才能持续提高企业的核心竞争力，并发挥出我国社会主义制度的优越性。

（二）创设中国特色的企业文化

企业文化是一个企业的脊梁，是上下一心的凝聚力和不断前进的指导思想。建立具有

中国特色的企业文化，就是要结合我国自身国情和我国悠久的传统文化，建立起一套符合中国人价值观的文化内涵。我国上下几千年的文明史是全人类的文化宝库，其中不乏博大精深的管理哲学和思想。因此，我国企业管理模式中应当吸纳其精华，而不应完全照搬西方企业文化。

随着我国经济与社会的高速发展，越来越多的企业进入了国际市场，在这种复杂的市场机制下，我国企业开创符合自身特色的企业经营管理模式的需求也日益迫切。建立一套新时代中国特色企业管理模式不仅要借鉴西方企业的成功经验，也应当符合我国的社会主义核心价值观和优秀的传统文化的要求。

第七节　基于项目推动的知识型企业经营管理模式

一、基于项目推进的知识型企业的具体特点

（一）知识统筹能力强

从创新能力层面考虑，知识体系的不断更新与知识技术的有效利用，是基于项目推动的知识型企业不断发展进步的根本。信息时代中，知识体系不断丰富，企业通过对员工开展时效性知识学习培训，将个人知识资产转化为企业资本，凝结在具体的企业项目之上，逐渐创造并积累企业的隐性资产。优秀的知识统筹管理能力，能够降低由于企业人才流动所造成的经营风险，并促进企业创新力的维持。

（二）项目规划能力强

以项目推动为基础的知识型企业，其发展扩大企业规模的实际手段就是优秀项目的实施。项目制定方案的科学合理、项目包含的知识服务信息准确时效性，还有最重要的项目规划管理能力，共同决定着企业发展的前景。此种企业经过细致调查，结合企业自身特点，开展与企业发展战略密切相联的企业项目，试图使项目实施效果维持在较高水平之上。

（三）业务拓展速度快

时代信息化进程的快速发展，帮助以项目推动为基础的知识型企业迅速了解商业信

息，及相关市场行情。这类企业对市场方向的前瞻性预测要求很高，通过建设全面专业的业务网络，知识型企业可以加快业务拓展范围的速度，凭借逐步规模化的创新项目推动企业的高速成长。

（四）具备较强创新能力

在商业环境变化影响下，社会与市场对基于项目推动的知识型企业的产品和服务需求日益多样化。现代知识信息日新月异，知识型企业只有不断推陈出新，不断开拓思路，并创造发展新的产品或新式服务，才能更好地适应社会需求。创新能力是以项目推动为基础的知识型企业发展的原动力，不断地发展创新，可以在企业中形成独有的企业创新文化，从而带动更多企业进步，并推动相关产业的整体发展。

（五）企业文化发挥核心作用

基于项目推进的知识型企业的发展资本就是其与时俱进的高水平知识团队，在这个团队中，每一名员工都应具有创新性、自主性和灵活处理性等特点。企业员工荣辱与共，积极进取，通过有效的沟通协作，提升公司的服务质量和文化产品质量。企业文化可以增加企业的内部凝聚力，使企业在面对挑战和困难时都能安然渡过。

二、基于项目推动的知识型企业的发展时期

第一，初始创业期。创业者凭借自身无所畏惧的精神创建企业雏形。该阶段企业以研发为重点，重视市场需求，营销和开发是其主体经营管理理念。

第二，集体化时期。这一阶段的企业各部门基本完备，各部门分工明确，荣辱与共，共同为企业的发展努力。管理层向员工下达指令，员工按决策层的命令严格执行。此种经营模式注重计划和控制的双向协同。

第三，规范化时期。在员工任务明确分配的基础上，建立一个企业内部准则规范，将企业生产面向的区域市场逐渐向主流市场过渡，加快企业的成长速度。该阶段知识型企业的主体经营管理理念是发散和控制。

第四，精细化时期。企业粗具规模后，需要凭借更规范、更有层次的管理体系进行管理，可以借助新时代高新信息技术建立管理系统。这一时期，企业的生产价值链不断伸展，通过标准科学的运作方式深入发掘企业组织和企业员工潜能，以提高各部门生产效率。这一阶段的经营理念是"协调与标准并行"。

第五，战略计划创新时期。基于项目推进的知识型企业发展至此阶段时，企业规模较

大，组织健全完整，生产流程也趋于平稳固定，迫切需要创新思想理念的注入。通过多部门紧密合作，在市场竞争危机意识下开展工作，在企业项目设计中融入时效性信息和创新思维，始终保持企业经营模式的先进合理。

三、基于项目推动的知识型企业的模式变化

（一）传统管理方式：项目管理

在这一时期，企业经营者主要着眼于技术研发和市场范围的拓宽。他们通常认为项目管理就是在市场需求、项目成本、时间限制和产品质量等要素的制约下完成计划规定的任务，而没有充分掌握发挥项目管理者"管理"二字的精髓，只是被动地跟随项目实施而完成既定的流程。企业在该阶段不了解项目管理对企业发展的促进作用，项目下属具体部门也不配置管理人才。以上种种弊端在知识型企业的创业期和集体化时期较为常见。没有专门负责项目选择、项目风险评估的团队进行调查，极易引起决策者项目选择的错误，并加强项目执行过程中的不稳定性，不利于企业规模的扩大。

（二）现代化管理方式：项目化管理

企业经过一段时间的发展，逐步扩大了自身规模，并提高了知识技术掌握的程度。相应地，企业经营管理的水平也得到了长足的发展。企业渐渐形成具有项目化管理性质的现代企业管理模式，顺应了商业环境发展的规律，也更易满足市场的柔性需求。

以这一管理模式经营企业，主要表现于企业对产品开发、市场销售和技术创新的规划统一，不放过企业项目管理的任何一个细节，将企业管理理念上升到企业经营运作理念。企业项目的实质就是一个解决问题的方法计划，自有其开端与结局，在实际的实施中分为多个子步骤，是一个需要企业各部门、各阶层协同运作的团体性实践项目。从项目化管理理念出发，从以"部门执行命令"为准则转变到以"满足项目要求"为更高要求，打破死板的组织结构，从而实现人员跨部门集智解决问题和各部门资源的优化配置。

（三）未来管理模式发展趋势：项目战略性管理

企业在形成一定规模，并具有固定模式化运转流程之后，就要将发展战略目标作为全新元素，科学融入企业经营管理模式之中。以企业战略发展要求为基础，将战略目标置于正确的发展领域，并细化为项目群体。该阶段企业以企业发展目标为方向，保证了项目制定对口区域的准确性，将企业项目分解成具体步骤。企业建设网络实时监控平台，对项目

各步骤按照既定的发展战略标准进行宏观调节，使管理者满意，使设计者的理念得以体现。

和传统性企业相比，以项目推进为基础的知识型企业发展速度较快，但时刻伴随着巨大的风险。企业管理者要立足于商业环境，对企业各阶段的顺利过渡转型进行科学规划，深入发掘知识型企业独有的核心竞争力，在市场经济浪潮下摆正方向，才能推动知识型企业走向成功。

第八节　国有企业经营性资产管理模式

国有企业对我国的经济发展具有极大推动作用，国有企业的经营性资产管理，是顺应时代发展要求、促进国有企业改革的重要手段，是响应国家政府建设号召的积极表现。国有企业在经营过程中，必须综合考虑各项因素，如市场环境的变化、企业品牌的建设要求、企业文化的氛围需要等，积极进行顺应时代发展、响应政策引导的管理模式的创新。

国有企业是对经济建设存在重大贡献的关键性支柱企业，为了促进国有企业的经营性改革，提高国企的经济效益，推动相关建设的发展，必须关注管理模式的发展。要从企业的经营历程中总结优秀经验，从时代的发展中吸收先进理念。全面考虑管理队伍水平的问题、市场环境变化的问题、产品竞争力提升的问题、企业的文化氛围影响问题等建立起行之有效的管理模式，从而推动国有企业经营管理有效性的实现。

一、经营性资产管理模式的建设前提

国有企业进行制度的强化。国有企业要进行发展性的制度建设，依据时代的发展变化需要、企业的经营管理需求等进行全面化、完善化的制度建设。首先，要明确企业各部门的职能和义务。其次，加强对腐败现象的检查与管理制度建设。最后，要积极推动市场对国企经营的调节作用，使国企的建设发展走出舒适区，在竞争中提升自我。

明确企业的管理目标。明确管理目标，是实现企业管理建设效率和水平提升的重要方式。企业的管理者必须将企业盈利这一目的放在管理建设的重点位置，从而为企业的结构调整、经营方式转变等进行指导，实现企业管理计划的明确性与细致性，促进企业的资产增值实现。

二、国有企业经营性资产管理可行性模式

（一）互联网管理模式

信息化网络化是当前时代发展的潮流，是推动社会进步的重要动力。因此，企业要建立起良好的管理模式，而以互联网为依托是一个有效的方式。实现良好互联网管理模式的监理，最重要的工作就是利用数字化信息技术，利用大数据管理手段，建立起国有企业的互联网管理平台，促进实时性企业管理的实现。在进行这一模式的建设时，需要开展的工作有以下方面。

首先，建立起模块化、专题化的国有企业网站，积极促进人员管理与业绩考核等事项处理的联网化、数据化。

其次，注重网站的设计优化，给使用平台的员工，以及对国有企业进行了解的人民大众，提供一个流畅且舒适的网站使用体验。设计美观大方的网站界面，设置清晰简洁的模块栏目，并加强索引的建设，促进使用网站的人员，能够迅速找到自己所需求的内容。

（二）市场化管理模式

不管是什么企业，生产的产品以及经营活动的进行，最终都是要走向市场的，因此必须重视市场对管理的强化分析作用。市场化管理模式建立的原理，就是利用了市场对经济发展的调控作用。在对该管理模式进行建立与完善时，必须以市场的需求为标准，以市场的接受为目的。

首先，该模式的实施可以通过在对市场的整体把握基础上，对企业经营的项目与业务进行详细化地分类，对不同类型的业务进行针对化的有效管理。

其次，可以发挥市场对人才的筛查功能，促进国有企业对优秀人才的选拔，以及对低水平员工的筛除，进而促进国有企业良好人才管理的实现。

（三）文化型管理模式

文化建设是国有企业的软实力建设，是从思想层面促进良好经营性资产管理实现的有效手段。当前文化在促进社会经济等方面的发展上，发挥着越来越重要的作用，回顾国有企业的经营，拥有良好文化氛围的国有企业显然不管是在人才的黏性联系方面，还是在经济的稳定发展方面，都具有比较明显的成效优势。因此，当前的国有企业在促进经营性资产管理更好实现时，对文化型管理模式的运用就显得尤为重要。在运用该模式时，重点内

容主要有两方面：

第一，注重对企业品牌形象的树立，当一个企业的品牌形成了良好的口碑树立了良好的社会形象，就会使员工在工作时充满对企业的自豪感，为自己能为这样的公司添薪助力而感到骄傲。

第二，企业文化氛围的营造，也是管理的一个重要手段。和谐的氛围会促进员工间的交流与互助；激励的氛围会激发员工的工作斗志，从而有利于效率的提升。

国有企业管理模式的建立和完善，关系着企业在市场中是否具备竞争能力，国有企业是否能够顺应时代发展的重要性建设。随着社会形势的变化，市场竞争的强化，国有企业在经营管理中，要想得到长远而稳定的发展，就必须积极探索科学的新型的管理手段，建立起如互联网管理模式、文化型管理模式、市场型管理模式等，焕发国有企业的活力，为我国的发展提供持续的支持。

第九节　企业经营成本目标下财务内控管理模式

近年来，伴随社会经济高速发展以及全球化概念的提出，在经济环境得到明显改善的同时，市场竞争激烈程度日趋白热化，企业纷纷制定经营成本目标，通过压低经营成本来巩固市场地位与增强核心竞争力，这也是企业谋求进一步发展的重要举措。

一、企业经营成本目标的组成

（一）固定成本目标

固定成本是企业在生产经营期间不受业务量增减和外部市场环境明显干扰的成本支出，主要由固定资产折旧费、管理人员工资及必要的办公经费等部分组成。正常情况下，固定成本变动量较小，可以控制在一定范围内，而固定成本目标管理则是采取多项手段保证实际固定成本不超过预期额度的实现过程。现阶段，多数企业普遍采取全面预算、精简机构等措施来减少固定成本投入，或是采取增加生产规模、形成规模效益等手段来分摊固定成本。

（二）可变成本目标

可变成本主要以人工成本以及原材料成本为主，成本总额受到市场环境、企业业务规模与战略计划的明显影响，如在市场材料价格涨跌、企业扩大、缩减生产规模时，都会改变这一部分的实际成本费用。现阶段，企业主要以促进员工树立成本控制意识、优化内部资源配置、提高原材料利用率等作为可变成本控制方法。同时，部分企业正在改变以往可变成本管控缺位问题，以部门绩效考核作为实现可变成本目标的主要手段，并将目标层层分解、落实到个人。

（三）机会成本目标

机会成本目标强调企业优化投资决策与加强投资管理力度，在生产经营过程中牢牢抓住发展机遇，以此来规避投资失误，最大限度提高投资收益。一般情况下，企业管理者应在会计利润基础上扣减机会成本得出经济利润并以此当作制定投资决策与投资项目论证审核的重要依据。

二、企业经营成本目标下财务内控模式构建策略

（一）强化财务内控意识

为强化财务内控管理意识，确保财务内控管理作用的发挥，制订的管理计划得到贯彻执行，企业需要从内部培训、责任落实两方面着手。

第一，内部培训方面，加强企业管理者、财务人员与基层员工的培训力度，以理论学习为主，培训内容包括财务内控管理理念、管理制度内容、管理开展方式、常见问题与正确应对方法、同类管理案例等，帮助企业全体员工树立正确的财务内控意识，主动配合财务内控管理工作开展。

第二，责任落实方面，考虑到基层员工财务内控意识薄弱的根源在于实际工作内容、岗位职责与企业总体目标缺乏紧密联系，因而需要将财务内控管理责任层层落实到个人，要求全体员工积极配合财务内控管理工作开展，如按规定开展工作、贯彻执行所交办的管理任务与各项措施，以此来营造健康、高效且稳定的财务内控管理环境。

（二）健全管理制度

为构建内容完善、可操作性强的财务内控管理制度，从根源上预防各类管理问题的反复出现，企业需要遵循从实际出发的原则，根据财务内控管理工作实际开展情况，对原有管理制度进行完善补充，具体从设立财务内控建设小组、补充缺失制度内容、制度修正三方面着手。

第一，设立财务内控建设小组。考虑到财务内控管理工作具有全面性特征，涉及多个层面，如果从单一层面来修改管理制度，很难取得理想效果，因而需要设立建设小组，小组成员包括企业高管领导、财务人员、各部门主管人员与基层员工，由建设小组专职开展问题收集、制度内容补充等工作。

第二，补充缺失制度内容。建设小组对现有财务内控管理制度内容进行统计调查，从中找寻空白区，并根据企业经营成本目标与内控管理要求来补充内容，如在《预算管理制度》中着重补充预算编制格式、调整流程、执行方式与控制手段、考核标准等方面内容，在财会制度方面建立《资金调度管理办法》《物资管理制度》等多项制度，在资产管理方面着重补充有关固定资产清查、现金清查等方面规定，以及推行《会计人员岗位责任制》等制度来明确划分工作职责。

第三，制度修正。企业内部管理环境并非一成不变，而是随着时间推移而不断变化，经过一段时间后，企业早期制定的财务内控管理制度逐渐缺乏适用性，暴露出多项问题有待解决。因此，企业应建立常态化制度修正机制，由建设小组持续收集反馈意见，定期对现有管理制度的适用性、合理性进行评价打分，根据打分结果对制度条款内容进行完善补充。

（三）加强内部监管力度

为保证所制订财务内控管理计划得到贯彻执行，降低不规范操作与各类管理问题的出现概率，企业需要加强内部监管力度，具体采取调动员工监管力量、扩展内部审计覆盖范围、跟踪审计三项措施。

第一，调动员工监管力量，企业推行《举报管理制度》，引导企业员工主动检查在工作开展、管理计划执行期间是否存在违规操作，通过特定渠道将问题反馈给监管部门或审计部门，以此来打击各类有损企业利益的违规行为，并对举报处理流程、举报要求和举报人保护要求进行明确规定。

第二，扩展内部审计覆盖范围，推动财务审计向全面审计转型，将管理制度审计、管理流程审计等均纳入审计范畴当中。以管理制度审计为例，重点审查现有管理制度的完整性、执行效果是否达到预期要求，从中发现缺陷漏洞，向管理层提交审计报告与相应改进措施。

第三，跟踪审计，当发现、上报各类问题漏洞时，审计部门委派专人对后续问题处理过程进行跟踪审计，及时提供指导意见，直至问题得到妥善解决。

综上所述，面对全新发展形势，为增强核心竞争力，顺利实现经营成本目标，企业务必提高对财务内控管理模式的重视程度，合理选择经营成本目标与财务内控管理融合方向，积极落实强化财务内控意识、健全管理制度、建立长效风险防范机制、加强内部监管等策略，为企业发展提供不竭动力。

（四）建立长效风险防范机制

为有效规避各类财务风险，并将因出现风险事件造成的损失控制在合理范围内，企业需要建立长效风险防范机制，具体从设立风险管理部门、全面风险评估、风险分级、多元化风险防控四个方面着手。

第一，设立风险管理部门，为减轻管理负担，解决财务部门无法提供足够的人力与精力开展风险防控工作问题，需要在企业内部新设立风险管理部门，由该部门统筹开展风险识别、评价与防控等多项工作。

第二，全面风险评估，将预算、投资、资产处置、决策等各个管理环节均纳入风险评估范畴当中，明确规定风险评估方法、流程和评分标准，由量化评估方式取代原有主观判断方式，确保风险评估结果具备客观性与真实性。

第三，风险分级，考虑到各类风险隐患（事件）所造成的影响系数、损失程度存在明显差异，为集中管理资源来规避（控制）重大风险，需要建立风险分级机制，将财务风险划分为1~5个级别，以风险影响程度、风险发生可能性等作为分级依据。例如，以风险影响程度为依据，将影响程度轻微的风险隐患作为1级风险，对企业完成策略目标造成较小、一定阻碍与重大影响的风险隐患分为2级、3级和4级风险，致使企业丧失继续运转能力的风险隐患作为5级风险，根据风险等级来选择对应响应力度。

第四，多元化风险防控，需要采取风险规避、风险承受、风险转移、风险共担等多项手段。以风险规避手段为例，企业应加强授权审批控制力度，对贷款担保等业务的流程步骤、相关资料文件进行审核，当发现异常问题时，及时终止此项业务，并对相关责任人进行追责惩处，避免因风险事件的发生而造成实质性损失。

第 三 章
数字经济时代

第一节　数字经济的相关概念

　　数字经济是继农业经济、工业经济之后的一种新的经济社会发展形态。"发展数字经济意义重大，是把握新一轮科技革命和产业变革新机遇的战略选择。"[①] 人们对数字经济的认识是一个不断深化的过程。在众多关于数字经济的定义中，以 2016 年 G20 杭州峰会发布的《二十国集团数字经济发展与合作倡议》最具代表性。该倡议认为，数字经济是指以使用数字化的知识和信息作为关键生产要素、以现代信息网络作为重要载体、以信息通信技术（ICT）的有效使用作为效率提升和经济结构优化的重要推动力的一系列经济活动。

　　随着数字经济的深入发展，其内涵和外延不断演化。根据现行的国民经济行业分类和统计制度，准确界定数字经济并不是一件容易的事情。其中，计算机制造、通信设备制造、电子设备制造、电信、广播电视和卫星传输服务、软件和信息技术服务等行业是数字经济的基础产业，互联网零售、互联网和相关服务等是架构于数字化之上的行业，可看作数字经济范畴。数字经济难以准确界定的另一个原因在于它是融合性经济。其他行业因信息通信技术的应用与向数字化转型所带来的产出增加和效率提升，是数字经济的主体部分，在数字经济中所占比重越来越高。这部分却更难以准确衡量。

　　实际上，数字经济是一个阶段性的概念。互联网将成为像水和电一样的生态要素渗透到各行各业，渗透到经济社会活动的各个环节，对国民经济的促进作用将不断得到释放。

---

①孙克. 数字经济 [J]. 信息通信技术与政策，2023（1）：1.

一、数字经济概念历史沿革

信息通信技术持续创新、融合扩散、引领转型的过程，也是人们对信息经济内涵外延认识不断深化的过程：从 1962 年马克卢普提出"知识产业"，到 1977 年波拉特提出"信息经济"；从 1996 年 OECD（经济合作与发展组织）提出"以知识为基础的经济"，到世纪之交"数字经济""网络经济""虚拟经济""互联网经济"等新概念涌现，无不反映了人们对信息化新实践的新理解和新认识。

1996 年美国学者泰普斯科特在《数字经济时代》中正式提出数字经济概念，1998 年、1999 年、2000 年美国商务部先后出版了《浮现中的数字经济》（Ⅰ，Ⅱ）和《数字经济》的研究报告。联合国、欧盟、美国、英国等国际组织和国家纷纷提出了数字经济、信息经济、网络经济的新概念，不同国家对数字经济内涵外延认识的共同点是：把信息通信技术产业作为数字经济的内核，差异在于信息通信技术（ICT）与传统经济融合的深度和广度。2016 年杭州 G20 峰会上发布的《二十国集团数字经济发展与合作倡议》中给出了数字经济的定义，即数字经济是指以使用数字化的知识和信息作为关键生产要素、以现代信息网络作为重要载体、以信息通信技术的有效使用作为效率提升和经济结构优化的重要推动力的一系列经济活动。

二、数字经济的层次和类型

半个世纪以来，国际社会围绕信息通信技术的创新、扩散、应用及带来的影响提出了知识经济、网络经济、数字经济、信息经济、互联网经济等一系列新概念，都试图描述新一代信息通信技术与经济社会变革，随着技术演进和认识深化，数字经济成为国际社会发展的共识。信息经济与数字经济的内涵和外延大体一致，根据当前国际国内关于信息化和经济转型发展的共识，数字经济是全社会基于数据资源开发利用形成的经济总和。在这个定义中，数据是一切比特化的事物，是与物质、能量相并列的人类赖以利用的基本生产要素之一。数据资源开发利用是为了服务于人类经济社会发展而进行的数据产生、采集、编码、存储、传输、搜索、处理、使用等一切行为及支持这些行为的 ICT 制造、服务与集成。

数字经济是以数字化信息为关键资源，以信息网络为依托，通过信息通信技术与其他领域紧密融合，形成了以下五个层次和类型。

第一，以信息产业为主的基础型数字经济层。基础型数字经济主要体现为信息产品和信息服务的生产和供给，主要包括电子信息制造业、信息通信业和软件服务业等。

第二，以信息资本投入传统产业而形成的融合型数字经济层。信息通信技术的持续创新发展，推动了信息采集、传输、存储、处理等信息设备不断融入传统产业的生产、销售、流通、服务等各个环节，形成了新的生产组织方式，带来了更多的产出。

第三，体现信息通信技术带来全要素生产率提高的效率型数字经济层。效率型数字经济是指因信息通信技术的使用带来全要素生产率的提高而增加的经济总量部分。

第四，以新产品新业态形式出现的新生型数字经济层。信息通信技术与传统产业融合不断催生出新技术、新产品、新模式，并形成了富有创新活力和发展潜力的新产业，即新生型数字经济。

第五，产生社会正外部效应的福利型数字经济层。信息通信技术在经济社会领域的普及推广，带来了更多的社会信任、更高的公共安全和更广的社会参与等潜在的社会福利，即福利型数字经济。

第二节　数字经济的特征和属性

一、数字经济的特征

（一）数据成为驱动经济发展的关键生产要素

随着移动互联网和物联网的蓬勃发展，人与人、人与物、物与物的互联互通得以实现，数据量呈爆发式增长。全球数据增速符合大数据摩尔定律，大约每两年翻一番。庞大的数据量及其处理和应用需求催生了大数据概念，数据日益成为重要的战略资产。数据资源将是企业的核心实力，谁掌握了数据，谁就具备了优势。对国家也是如此。大数据是"未来的新石油"、数字经济中的"货币"，是"陆权、海权、空权之外的另一种国家核心资产"。如同农业时代的土地和劳动力、工业时代的技术和资本一样，数据已成为数字经济时代的生产要素，而且是最为关键的生产要素。数据驱动型创新正在向科技研发、经济社会等各个领域扩展，成为国家创新发展的关键形式和重要方向。

（二）数字基础设施成为新的基础设施

在工业经济时代，经济活动架构在以"铁公机"（铁路、公路和机场）为代表的物理基础设施之上。数字技术出现后，网络和云计算成为必要的信息基础设施。随着数字经济的发展，数字基础设施的概念变得更广泛，既包括宽带、无线网络等信息基础设施，也包括对传统物理基础设施的数字化改造，如安装了传感器的自来水总管、数字化停车系统、数字化交通系统等。这两类基础设施共同为数字经济发展提供了必要的基础条件，推动工业时代以"砖和水泥"为代表的基础设施转向以"光和芯片"为代表的数字时代基础设施。

（三）数字素养成为对劳动者和消费者的新要求

农业经济和工业经济，对多数消费者的文化素养基本没有要求；对劳动者的文化素养虽然有一定要求，但往往局限于某些职业和岗位。然而在数字经济条件下，数字素养成为劳动者和消费者都应具备的重要能力。

随着数字技术向各领域渗透，劳动者越来越需要具有双重技能——数字技能和专业技能。但是，各国普遍存在数字技术人才不足的现象，40%的公司表示难以找到他们需要的数据人才。所以，具有较高的数字素养成为劳动者在就业市场胜出的重要因素。对消费者而言，若不具备基本的数字素养，将无法正确地运用数字化产品和服务，而成为数字时代的"文盲"。

因此，数字素养是数字时代的基本人权，是与听、说、读、写同等重要的基本能力。提高数字素养既有利于数字消费，也有利于数字生产，是数字经济发展的关键要素和重要基础。

（四）人类社会、网络世界和物理世界日益融合

随着数字技术的发展，网络世界不再仅仅是物理世界的虚拟映象，而是真正进化为人类社会的新天地，成为人类新的生存空间。同时，数字技术与物理世界的融合，也使得现实物理世界的发展速度向网络世界靠近，人类社会的发展速度将呈指数级增长。网络世界和物理世界融合主要是靠信息系统和物理系统的统一体信息物理系统实现的。信息物理系统是一个结合了计算领域和传感器、制动器装置的整合控制系统，包含了无处不在的环境感知、嵌入式系统、网络通信和网络控制等系统工程，使身边的各种物体具有计算、通信、精确控制、远程协作和自组织功能，使计算能力与物理系统紧密结合与协调。

在此基础上，随着人工智能、虚拟现实（VR）、增强现实（AR）等技术的发展，又出现了"人机物"融合的信息物理生物系统，这一系统改变了人类和物理世界的交互方式，更强调人机互动，强调机器和人类的有机协作。信息物理生物系统推动物理世界、网络世界和人类社会之间的界限逐渐消失，构成了一个互联互通的新世界。

二、数字经济的属性

信息通信技术的蓬勃发展带来了快速、复杂、多变的经济社会转型方向、规律、特征、路径和模式的多元化认识，带来了社会各界对数字经济达成共识的挑战。

（一）数字经济是更高级的经济阶段

作为人类历史上第三经济形态，数字经济具有鲜明的时代特征，信息的零边际生成成本、复制无差异性、即时传播等特征颠覆了物质、能量要素的独占性、排他性，随之也颠覆了农业经济和工业经济的一些固有经济理念。数字经济与农业经济、工业经济的基本差异在于，从生产要素来看，相对农业社会的土地、工业社会的资本和能源，数字化的知识和信息上升为关键生产要素。从生产工具来看，传统工业经济中的电动机和制造装备等能量转换工具，被信息所改造，成为具有感知、传输、处理、执行能力的智能工具，以及智能工具组合而成的智能制造生态系统。从基础设施来看，在数字经济中除了传统的铁路、公路等交通基础设施外，宽带、泛在、融合的网络基础设施成为经济社会运行不可或缺的重要支撑。

（二）普惠性是数字经济发展的根本特性

数字经济中开放、包容、协作、共享、共赢等特征不断凸显，其共同交集是普惠性让更多的人受益，确保人人都能从数字经济的发展和带来的机遇中受益。数字经济的充裕性、无所不在的互联性给人类带来的财富和福利的增长及潜力毋庸置疑，更重要的是这些财富和福利的增长将惠及更多的人群。数字经济借助时空压缩之功，尽可能地兼顾每个人，给每个人的全面发展提供比历史上任何一个时期都要大的自由度。数字经济能够让每个人享受更多的健康、自由和幸福。

（三）数字经济发展的中国经验的双重意义

数字经济发展的中国经验具有独特性，同时又对发展中国家具有普遍的借鉴意义。独特性表现在中国的数字经济发展路径区别于美国、欧洲、日本等发达国家和地区。在发展中国家发展数字经济，可能出现越落后越"革命"的逆袭。中国在面向个人的电子商务、移动支付、分享经济等领域有可能率先走到世界的前列，成为带动整个数字经济发展的先遣部队。在全球产业竞争的格局中，与传统的工业社会相比，中国数字经济部分领域赶超的进程、动因、路径、模式独特，中国的数字经济发展模式增强了发展中国家的信心，在特定领域发展中国家可以探索具有本国特色的数字经济发展之路。

（四）最具创见的思想是数字经济最稀缺的资源

在农业经济中，最稀缺的资源是劳动力；在工业经济中，最稀缺的资源变成资本；而在数字经济中，信息技术使得资本的稀缺性降低，那些具有创新精神并创造出新产品、新服务、新商业模式的人才在市场资源配置中的作用不断凸显，信息链条顶端最具有创见的思想成为比资本更稀缺的资源，资本的支配地位要让位于最具创意的人力资本，创新性人才比以往任何时候都重要。信息是数字经济中的一个基本生产要素，在零边际生产成本和网络效应的作用下，数字经济会呈现要素回报递增的规律，回报递增将带来领先者恒久领先、大者愈大的新趋势。

（五）数字经济彰显劳动者自主性

信息通信技术的普及应用不仅带来了生产效率的提高，也带来交易效率的提高。从分工的角度看，数字经济发展推动了分工不断深化，超级细化的分工正成为一种现实。数字经济能够实现超级细分工的基础是交易成本的极大降低和时空距离的极大压缩。在农业经济、工业经济中，不断深化的分工是提高经济效益的根本机制。在数字经济中，超级细分工在进一步提高经济效益的同时，也更加彰显了劳动者的自主性。人的天赋得到进一步的发挥。劳动者自主性的彰显会带来数字经济的组织和形态的深刻变化，超级细分工还将会导致组织的去中心化，将孕育数字经济的新经济生态。

（六）数字经济发展加速产业融合

在产业层面上，数字经济将会浸润、渗透、弥漫所有产业，产业融合在数字经济中会更深、更广，最终会使传统的产业边界逐渐淡化。数字经济对产业渗透与融合是有一定顺序的，这在发展中国家表现得尤为明显，这与一个国家原有的工业体系的发达程度与发育水平相关，也与传统产业对信息及时性、准确性、完整性的需求有关。在中国传统产业信息化的进程中，传媒、零售、通信、批发、物流、金融、制造、能源、农业等产业将逐步迈上数字经济的列车。数字经济对产业的全面融合将带来生产方式的根本改变，工业经济下的产业边界清晰，重视对资源的占有、产业链上的分工，数字经济对产业的全面融合将使信息密集度成为产业观测的一个重要标准，产业边界的淡化还会对全球产业分工的格局产生重大影响。

（七）数字经济需要适应新规则体系

数字经济带来了创新与效率的提高、选择的多样化、人的充分发展等阳光的一面，但如同人类在历史上经历的所有经济制度一样，数字经济也有另外一面：财富有可能进一步集中、全球性和国内不平等可能会加剧、数字鸿沟加深、隐私更容易被侵犯、信息技术风险与安全问题成为全球性问题、赢者通吃、加大垄断的暴利、国际贸易规则可能被改写等。为了应对这些挑战，需要在创新、税收、反垄断、国际规则、信息技术风险与安全等方面建立适应数字经济特点的新规则体系，数字经济的创新性可能会带来冲击、摩擦甚至旧的经济的解构，在各个方面对传统的利益格局可能带来冲击。数字经济对经济监管的理论和理念也带来新挑战。

第三节　数字经济的发展沿革

数字经济的发展与数字技术或信息技术的发展历程息息相关。从 20 世纪 90 年代至今，信息技术引领新一轮科技革命不断推动技术演进并创造出新的产品，不论是电子计算机的划时代发明，还是互联网诞生和普及带来的广泛连接性，又或是近年来兴起的大数据等新兴技术所预示和导向的智能化前景，都推进着数字经济的演化和发展。技术与产业、创新与资本、渗透与融合互相推进，不断迸发出新的活力，推动着数字经济经历了三轮层层递进的发展阶段。随着电子计算机的发明和产品形态的演变，"0—1" 数字化的出现引发了数字经济的第一轮浪潮；因特网、移动互联网的发展普及引发了数字经济的第二轮浪潮；而近年来全球范围内数字技术的深度跨界融合正在引发数字经济的新一轮浪潮。

一、电子计算机开启的 "0—1" 世界

自从 1946 年世界上第一台电子计算机埃尼阿克（ENIAC，Electronic Numerical Integrator and Computer）问世以来，通过存储器记载虚拟的信息成为可能，信息的普遍数字化成为趋势，人类进入了 "0—1" 的世界。20 世纪 60-70 年代，大规模集成电路（LSI，Large Scale Integration）的发展为计算机的发展和普及提供了硬件上的可能性，电子计算机发展进入大型机和小型机时代。IBM 公司是计算机时代的霸主，被称为 "蓝色巨人"。第二次世界大战之后，IBM 由军用技术转向民用技术，也将市场从政界、军界、学界逐渐拓展至广大的民用市场，分别于 20 世纪 60 年代和七八十年代开发了经典的 IBM 360/370 系列和

IBM 4300 系列。此时 IBM 不论是在技术上还是市场上都是现代电子计算机世界的巨人，开启了商业计算机的时代，而此时的 "0—1" 世界范围还是十分有限的，并且传播也受限。

但此时的计算机仍然是笨重、庞大且昂贵的，而且 IBM 的计算机售价都在百万美元以上，不可能进入寻常百姓家。1976 年，史蒂夫·乔布斯（Steve Jobs）和斯蒂芬·沃兹尼克（Steve Wozniak）、韦恩（Wayne）白手起家开发出了 Apple-1，这台被认为世界上第一台通用的和可商业化的个人电脑的问世对 IBM 和微软的产品都起到了重要的催化作用。20 世纪 80 年代，IBM 组织独立的开发团队采用英特尔芯片和第三方软件开发出 IBMPC 5150，微软为其配套开发的 DOS 操作系统也开始崭露头角，个人电脑时代真正开启。随着微软的 Windows 操作系统和英特尔 80286、80386、80486 等芯片的问世，个人电脑市场逐渐成熟，并从台式计算机向笔记本电脑演变，微软英特尔组合的 Wintel 帝国成为个人电脑特别是笔记本电脑时代的新霸主。

数字经济发展的起步阶段必然是信息的数字化。早期的数字化就是从口头或纸质媒介记载的信息变为存储器计算的 "0—1" 语言，这种指令化语言更便于对数据、信息的加工和处理，具备可复制、格式化、跨越空间和时间等特点，提高了信息的快速传播和准确处理，并且将人类从一部分重复计算的脑力劳动中解放出来，得以进一步加强对知识和创新的关注。

二、互联网开启的虚拟世界

如果说电子计算机的出现实现了信息存储和处理方式的变革，那么互联网的出现则完全开启了一个新的时代，人类的经济社会活动似乎有了一个虚拟化 "映射"，从现实世界投影到了一个虚拟的世界。这个虚拟世界不仅改变了现实世界的信息形态，并且通过大量的软件和信息服务创造了多种多样的语言和图形等信息表达形式，不断丰富和完善着数字经济的世界。

20 世纪的最后十年，互联网的普及成为改变一切的源头。因特网（Internet）异军突起，没有人预测到 ARPA（阿帕网）能够在不到 30 年的时间内实现从军事领域、四所高等学府推广到普通公众的桌面上。这既得益于 TCP/IP 对网络上数据传输的标准化，推动实现了网络设备（交换机、路由器等）、各种类型的连接链路、服务器和不同的计算机等终端之间的连接，使因特网的商业用户在 1991 年第一次超过了学术界用户，同时也得益于新颖的检索方式和商业模式。20 世纪 90 年代出现了便捷的网页浏览器和搜索引擎，方便了公众搜索信息，随后出现的大量商业化软件，更是将公众的信息处理需求外显化，互联网信息服务不断丰富，至此，桌面互联网连接的数字世界形成。

进入 21 世纪以来，随着移动通信技术的迅猛发展、移动通信设备的推陈出新和移动智能终端的快速普及，移动互联网在全球实现了突破性的发展。全球移动互联网的增长速度远远高于桌面互联网的增长速度，从笔记本电脑到手机、智能手机、可穿戴设备、智能家居乃至未来的智能（无人驾驶）汽车等，智能设备和产品都处于持续加速增长中，运营商、移动终端制造商、互联网企业和内容提供商们纷纷推出各自的移动互联网战略，抢占移动互联网的巨大市场。至此，互联网和移动互联网不仅突破了时间和空间的界限，还创新了信息收集来源和方式，创造了移动互联的数字世界。

与互联网的迅猛发展相匹配的是人们对数字经济理解、认识的再升华。20 世纪 90 年代末，美国引领全球再次开启对数字经济的研究，美国商务部关注数字经济的经济影响和政策意义，经济界和未来学家之间对数字经济是否颠覆了新古典经济学为主流的经济学框架产生了分歧，此时中国、韩国、新加坡等国的经济赶超也正在改变世界互联网发展格局，越来越多的国家和地区参与到数字经济的发展事业中。

三、大数据开启的智能世界

"大数据"概念的快速流行印证了数字经济的新阶段。至少在十几年前，地球上99.9%的人没有听说过"大数据"，直到 2008 年《自然》杂志为其开辟封面专栏也没有引起普通大众的关注。彼时"大数据"对政策的影响就更是微乎其微。然而仅几年时间，"大数据"却成为全球最流行的词汇，美国、英国、法国、德国、日本、澳大利亚、加拿大、新西兰、新加坡等国家都纷纷制定出台大数据国家战略，我国也确立了国家大数据战略，发布了《促进大数据发展行动纲要》，明确要将大数据作为国家级战略进行部署、推进。

当前较为公认的"大数据"概念是指一种规模大到在获取、存储、管理、分析方面大大超出了传统数据库软件工具能力范围的数据集合，而维克托·迈尔舍恩伯格等总结了其"4V"（Volume，Velocity，Variety，Value）特征，即海量的数据规模、快速的数据流转、多样的数据类型和价值密度低四大特征。

"大数据"的迅速蹿红主要源于技术的快速商业化和数据爆炸时代人们的需求渴望。从 Gartner 技术成熟度曲线可以看出，在众多新兴技术中，大数据的发展已经进入应用发展阶段，正在成为新一代信息技术产业的新兴增长点和支撑点。目前，技术创新和商业模式创新推动大数据的行业应用领域不断增加，大数据产业化的范围和深度持续拓展。

大数据直接指向数字经济新时代的核心——海量、多样的数据产生的价值。如果说计算机打开了数字化的世界，互联网开启了虚拟的世界，那么大数据将可能与云计算、人工智能以及众多新兴技术一起，打开通向未知的智能世界的大门。大数据强调浩大信息量的价值提取，超越了传统的统计与计量方法，可能带来人类对经济、社会认识方法论的改变。对于这个新时代的数字经济，最确定的就是不确定性。

第四节　数字经济：推动经济发展的新引擎

"数字经济是新时代发展的重要特征，对实现新时代经济发展，优化经济发展结构具有重要的意义。"[1] 中国数字经济已经扬帆起航，正在引领经济增长从低起点高速追赶走向高水平稳健超越，供给结构从中低端增量扩能走向中高端供给优化。动力引擎从密集的要素投入走向持续的创新驱动，技术产业从模仿式跟跑并跑走向自主型并跑领跑全面转型，为最终实现经济发展方式的根本性转变提供了强大的引擎。

一、高速泛在的信息基础设施基本形成

无时不在的电脑网络是支撑数字经济的关键。目前中国无论是宽带用户规模、固定宽带网速，还是网络能力等信息基础设施基本形成，达到了连接网络的普及、服务享受的普及等。

（一）宽带用户规模不断扩大

我国宽带用户规模的不断扩大是近年来我国信息通信技术快速发展的重要体现。固定宽带用户规模持续增长，我国家庭中有越来越多的用户选择安装固定宽带网络，以满足高速互联网的需求。移动宽带用户规模迅速增长，智能手机的普及和移动应用的快速发展，越来越多的人选择使用移动宽带上网，以便随时随地获取信息和进行各种在线活动。而且，我国宽带普及率超过国际水平，越来越多的家庭能够享受到高速宽带网络带来的便利和福利。

移动宽带用户普及率在 OECD 国家中排名较高。根据 OECD 官方网站的数据，我国移动宽带用户普及率在全部 35 个国家中排到第十六位，已超过法国、德国、加拿大等发达国家。这表明我国在移动宽带网络建设和普及方面取得了重要进展，为人们提供了更多的

---

[1]刘光妍. 新时代背景下数字经济推动经济发展的几点思考 [J]. 商情，2021 (17)：23.

移动互联网服务。

宽带用户规模不断扩大的表现充分体现了我国信息通信技术的快速发展和数字经济的蓬勃发展。这不仅为人们提供了更多的互联网服务和便利，也为数字化转型和创新带来了新的机遇和动力。随着 5G 技术的逐步商用和应用，宽带用户规模还将继续扩大，为我国经济社会发展注入新的动力。

（二）网络能力得到持续提升

随着技术的不断进步，传输速度得到大幅提升。传统的 ADSL 宽带逐渐被光纤宽带所取代，光纤网络具有更高的传输速度和更低的延迟，能够支持更快速、更流畅的数据传输，提供更好的用户体验。

网络覆盖范围的扩大也是网络能力持续提升的体现。随着网络基础设施的建设和改善，越来越多的地区和人群能够接入宽带网络中。无论是城市还是农村地区，网络的覆盖范围不断扩大，使更多人能够享受到网络带来的便利和资源。

（三）固定宽带实际下载速率提升

近年来，我国固定宽带实际下载速率得到了显著的提升，表现出令人鼓舞的发展态势。

技术进步是我国固定宽带实际下载速率提升的重要原因之一。随着光纤通信技术的快速发展，我国建设了大规模的光纤网络覆盖，取代了传统的铜线网络，极大地提高了宽带的传输速率。此外，宽带接入技术也不断升级，如 xDSL、DOCSIS 等技术的改进，使得用户能够享受更快的宽带连接速度。

政策推动在我国固定宽带实际下载速率提升中起到了积极的作用。政府出台了一系列鼓励宽带发展的政策，推动了宽带网络建设的加速。例如，实施了宽带中国战略，大力推进宽带网络覆盖城乡、提速降费等重要举措，为提高固定宽带实际下载速率提供了政策支持。

市场竞争也是我国固定宽带实际下载速率提升的重要因素。随着市场竞争的加剧，各个宽带运营商纷纷推出更高速的宽带套餐，提供更快的下载速率，以争夺用户的市场份额。这种市场竞争促使运营商不断提升网络设备和技术，以满足用户对更高速宽带的需求。

在实际表现方面，我国固定宽带实际下载速率得到了显著提升。根据相关报告和数据，我国固定宽带平均下载速率逐年增加。近年来，随着光纤网络的普及和升级，许多地区的用户已经可以享受到百兆甚至千兆级别的宽带连接速度。这使得用户能够更快地下载大文件、观看高清视频、进行在线游戏等高带宽需求的活动，极大地提升了用户体验。

（四）网民规模与日俱增

我国网民规模与日俱增，表现出持续的增长趋势。据统计，截至 2021 年，我国网民数量已超过 9 亿，占全球网民总数的近 1/3。

我国网民的年龄结构呈多样化趋势。不仅有大量的年轻人成为网民，还有越来越多的中老年人加入互联网的行列。这反映了互联网的普及和老年人对互联网的兴趣增加。

此外，我国网民的在线行为也呈现出多样化和个性化的特点。网民们在互联网上进行社交、购物、学习、娱乐等活动，并参与各种互动，形成了丰富的网络社区和文化。

二、数字经济成为国家经济发展的重要引擎

（一）促进实体经济转型升级

数字经济是融合性经济，赋能效应显著，不仅实现了自身的快速发展，还有助于推动传统产业优化资源配置、调整产业结构、实现转型升级。

制造业是国民经济的主体，是实施"互联网+"行动、发展数字经济的主战场。新一代信息技术正加速与传统制造业的全方位深度融合，成为引领传统制造业数字化转型的动力源泉。

近年，以美国、德国为首的西方发达国家先后制定国家战略，加快推进制造业与互联网的深度融合。美国发布了多个先进制造伙伴计划，德国的工业 4.0 战略、英国的高价值制造、法国的新工业法国、日本的机器人新战略、韩国的 IT 融合发展战略等，无不将制造业与互联网融合发展作为重要着力点。

国际制造业龙头企业都在积极拥抱数字革命，也有越来越多的中小企业借助融合技术实现了创新转型。比如，2012 年 GE（通用电气）在印度普纳投资建设了一家高度数字化、柔性化的"多模式工厂"，把设计、产品工程、制造、供应链和分销整合成一个有凝聚力的智能数字链接，对机器和产品间流动的庞大数据进行分析优化，经过智能化设计后能够同时生产航空发动机、发电设备和油气生产设备及其零部件，显著提升了个性化定制产品的生产效率。德国西门子应用数字工厂解决方案建设的安贝格电子工厂，通过数字化手段贯穿产品设计、生产规划、工艺规划、生产执行和服务等全流程，一分钟之内即可完成产品和工序更改，大大提高生产率。

我国的制造业转型发展取得了显著成效，制造业的数字化、网络化、智能化水平显著提高。数字经济与传统制造业的创新融合，不断催生出网络化协同制造、大规模个性化定制和远程智能服务等符合市场需求的新业态、新模式。

（二）促进创业创新

在全球经济剧烈变动、人口结构改变及新科技加速变化等多种因素影响下，各国政府对创业的重视程度持续提高。各国为提升国家竞争力与就业机会，都积极出台鼓励创业政策，扶植新创企业强化产业竞争力。很多国家加大了对学生数字技能和创业培训的培养力度。例如，欧盟成员国从初等到高等教育都加入了创业观念。为了提高青年人的数字技能，扫除创业的技术障碍，17个国家已经在学校核心课程中引入了信息通信技术；16个国家提出在核心课程中介绍创业技能，或者要求学生通过创业技能考试。

在新一轮科技革命和产业变革的带动下，特别是在政府的大力推动下，我国正在数字经济领域形成新一波创业创新浪潮，创业企业、创业投资、创业平台爆发式增长，创业群体迅速扩大，创业创新在全社会蔚然成风。数字经济的发展孕育了一大批极具发展潜力的互联网企业，成为激发创新创业、带动就业的驱动力量。

依托充满活力的巨大市场和庞大的制造业体系，中国企业的创新能力不断提高。中国移动互联网在某些方面已经领先于美国，吸引硅谷开始从中国的微信、支付宝、滴滴等应用中寻求创意。

（三）促进绿色发展

信息通信技术有助于节能减排，促进绿色发展。一方面，信息通信技术自身的发展有助于减少社会经济活动对部分物资的消耗，从而减少生产这些物资的能源消耗；另一方面，将信息通信技术应用于其他产业可以带来更大的节能效果。

信息通信技术能帮助全球减少15%~40%的碳排放，信息通信技术运用到其他行业所带来的节能量是其自身行业能源消耗的5倍。美国能源部将工业无线技术列为其以节能降耗为目标的未来工业计划。美国总统科技顾问委员会在"面向21世纪的联邦能源研究与发展规划"中指出，工业无线技术的应用将使工业生产效率提高10%，使排放和污染降低25%。欧盟委员会提出，对创新性能效信息通信技术解决方案的研究与应用将使欧洲整体经济实现低碳排放。比如，利用信息通信技术可使发电效率提高40%，输电效率提高10%；利用信息通信技术优化物流安排和智能流量管理，还可以帮助交通运输提升效率17%。

（四） 促进就业

数字经济激发人类智力，提高人们的认知水平，促进生产能力的大幅跃升，引发产业结构变迁，对就业的带动作用十分明显。很多国家都将发展数字经济作为促进就业的重要手段。

互联网降低交易成本，为难以找到工作或生产性投入的人带来更多机会，女性、残障人士和边远居民都能受益。从就业方式来说，就业者可以摆脱时间、空间束缚，获得更大自由。就业场所可能不再是工厂企业，而是虚拟网络组织；就业组织形式也可能不再是项目制、合伙人制，而是自由职业的形式，人的个体价值被更自由地激发、流动和共享。

对经济整体而言，互联网对个人最深刻的影响在于提高劳动者的生产率。把常规性、重复性工作交给技术完成后，劳动者能够专注于价值更高的活动。劳动者可以利用技术更迅速了解价格、投入或新技术信息，不但成本低廉，而且减少了摩擦和不确定性，有利于增进民众福祉。

数字化水平的提高有助于提升人们幸福感，增进社会福祉，而且数字化密度越高，幸福感提升得越快。世界经济论坛对 34 个经合组织成员国的调查显示，数字化程度每提高10 个点，能够促使幸福指数上升约 1.3 个点。更重要的是，数字经济有利于消弭地区间的数字鸿沟，为更多地处边远地区的人们增进福祉。数字技术对民众福祉的改善体现在日常生活各方面，包括购物、银行业务、娱乐及亲朋好友之间的互动。

三、数字经济在生产生活各个领域全面渗透

针对当前的经济结构调整和产业转型升级趋势，中国数字经济也发挥着积极的推动作用。目前，工业云服务、大企业双创、企业互联网化、智能制造等领域的新模式新业态正不断涌现。

（一） 渗透入传统产业

2015 年 7 月，中国发布《关于积极推进"互联网+"行动的指导意见》，明确了"互联网+"的 11 个重点行动领域：创业创新、协同制造、现代农业、智慧能源、普惠金融、益民服务、高效物流、电子商务、便捷交通、绿色生态、人工智能。数字经济引领传统产业转型升级的步伐开始加快。以制造业为例，工业机器人、3D 打印机等新装备、新技术在以长三角、珠三角等为主的中国制造业核心区域的应用明显加快。大数据、云计算、物联网等新的配套技术和生产方式开始得到大规模应用，海尔集团、沈阳机床、青岛红领等

在智能制造上的探索已初有成果，华为、三一重工、中国南车等中国制造以领先技术和全球视野打造国际品牌，已稳步进入全球产业链的中高端。

（二）数字经济开始融入城乡居民生活

数字经济的快速发展和普及，使得数字技术逐渐融入城乡居民的生活中，对他们的生产、消费、交流和娱乐方式带来了深刻的影响。

电子商务的兴起使得居民可以通过互联网购买商品和服务。无论是城市还是农村，人们都可以利用电子商务平台，通过手机或电脑选择商品、下单购买，并享受方便的快递配送服务。这方便了居民的购物体验，缩短了购物时间，拓宽了消费选择。

移动支付的普及改变了居民的支付方式。通过手机支付应用，居民可以随时随地进行支付和转账，不再需要携带大量现金或银行卡。无论是在城市还是农村，居民可以方便地进行线上和线下支付，促进了交易的便捷性和安全性。

此外，数字技术的发展也带来了在线教育和远程医疗等服务的普及。居民可以通过在线教育平台学习各类课程，不受时间和地域的限制。远程医疗技术使得医生可以通过视频会诊、远程监测等方式提供医疗服务，为城乡居民提供了更便捷的医疗资源。数字娱乐的丰富也深入城乡居民的生活中。居民可以通过视频流媒体平台观看电影、电视剧等内容，通过音乐流媒体平台收听音乐，通过社交媒体平台与朋友和家人保持联系，丰富了居民的娱乐方式。

（三）数字经济正在变革治理体系

数字经济带来的新产业、新业态、新模式，使得传统监管制度与产业政策遗留的老问题更加突出，发展过程中出现的新问题更加不容忽视。数字经济发展，促进了政府部门加快改革不适应实践发展要求的市场监管、产业政策，如推动放管服改革、完善商事制度、降低准入门槛、建立市场清单制度、健全事中事后监管、建立"一号一窗一网"公共服务机制，为数字经济发展创造良好的环境。另一方面，数字经济发展也在倒逼监管体系的创新与完善，如制订网约车新政、加快推进电子商务立法、规范互联网金融发展、推动社会信用管理等。

当然，数字经济也为政府运用大数据、云计算等信息技术提升政府监管水平与服务能力创造了条件和工具。在"三期叠加"的大背景下，影响经济增长的突出问题有总量问题，但结构性问题更为突出。推进供给侧结构性改革是适应和引领经济发展新常态的重大创新。充分发挥互联网的比较优势，发展数字经济，促进供需对接、汇聚创新要素、优化资源配置，是解决制约发展的深层次问题的必然选择。

第一，互联网显著提升有效供给能力。这是供给侧结构性改革的主攻方向，要通过"三去一降一补"五大任务，减少无效和低端供给，扩大有效和中高端供给。互联网与制造、物流、农业等传统产业深度融合，促进产业组织、商业模式、供应链管理创新，大幅提高生产运营和组织效率，推动传统产业升级。同时，基于互联网的新技术、新产品、新模式、新业态蓬勃发展，作为大众创业、万众创新的基础平台，互联网正在释放出蕴藏在人民群众中无穷的智慧和创造力。

第二，互联网适度扩大总需求。这是供给侧结构性改革不可或缺的重要组成部分。我国已进入中等收入阶段，用户消费正在升级，定制化生产和销售更能满足用户多样化的需求。互联网进一步扩大各融合领域的市场和消费空间，提供更优质的产品、更便利的服务、更丰富的业态，增强用户体验，优化消费环境，积极培育新型消费、挖掘传统消费，发展新的消费模式，释放有效消费需求。同时，"互联网+"行动和《中国制造2025》的推进实施，将有效带动新一代信息基础设施的投资建设，加快智能制造、智能产品创新等一批"互联网+"重大工程落地，扩大有效投资。

第三，互联网推动低水平供需平衡向高水平供需平衡的跃升。供给侧结构性改革的根本目的是提高供给质量满足需求，使供给能力更好地满足广大人民日益增长、不断升级和个性化的物质文化和生态环境的需要。互联网的快速发展，推动供给结构由低端供给向高端供给发展，需求结构由生存型需求向品质型需求转变，通过解放和发展社会生产力，用改革的办法推进结构调整，增强供给结构对需求变化的适应性和灵活性，提高全要素生产率。

第四章
数字经济的基本特征分析

第一节　数据成为新的生产要素及新的能源

一、经济活动高度数据化

新兴的数字经济，最重要的特征就是高度数据化。工业时代的公司，以 IT 技术为核心实现数字化，数据的流动及在线化范围有限，数据应用场景主要局限在以自我为中心的小的生态圈中。数字经济时代，数据的流动与共享，推动着商业流程跨越企业边界，编织全新的生态网络与价值网络。云计算模糊了企业内部 IT 与外部 IT 的界线，公司间传统的数据与程序相隔离的状态将有望被打破，随之将出现新的商业生态和价值网络。公司 IT 系统一旦穿过防火墙，就非常容易与其他公司的 IT 系统实现信息交流与交换，从而越过公司界线执行业务流程。

生产要素是在社会经济活动中参与财富创造的社会资源。在农业经济时代，主要的生产要素就是土地和简单的劳动力，主要是体力劳动。在工业经济时代，除了上述两种生产要素，还增加了资本，主要是机器和工厂、能源，包括煤炭、石油。而到了数字经济时代，数据成为重要的生产要素。数字经济的特征在于数据将会越来越多地参与财富创造的过程，而且数据参与越多，其所创造财富的能力就越大，呈现出一种非线性的特征。

二、数据背后是算法

在数字参与财富创造的过程中，数据需要结合数字技术，主要是算法，另外，数字总是和产品结合在一起。数字经济的运行过程中，"数据+算法+产品"的运作方式日益成为主流，并最终趋向于一个"智能化"的形态。用户行为通过产品的"端"实时反馈到数据智能的"云"，"云"上的优化结果又通过"端"实时提升用户体验。在这样的反馈闭环中，数据既是高速流动的介质，又持续增值；算法既是推动反馈闭环运转的引擎，又持续优化；产品既是反馈闭环的载体，又持续改进功能，为用户提供更赞产品体验的同时，也促使数据反馈更低成本、更高效率地发生。一言以蔽之，数据、算法和产品就是在反馈闭环中完成了智能商业的三位一体的。

三、避免数据陷阱

数据成为数字经济核心的生产要素，但生产要素需要从数量和质量两个维度进行考查。数据的量是一个重要方面，即通常的大数据，数据的质也很重要，甚至更为关键。因为如果数据质量出现问题，就会发生人们常说的"垃圾进、垃圾出"（Garbage in, Garbage out）问题。

大数据存在以下三个陷阱。

第一，"大数据自大"。"大数据自大"即认为自己拥有的数据是总体，因此在分析定位上，大数据将代替科学抽样基础上形成的传统数据（小数据），而不是作为小数据的补充。

第二，相比于"大数据自大"问题，算法演化问题就更为复杂，对大数据在实证运用中产生的影响也更为深远。算法演化会产生两个问题：一是由于算法规则在不断变化而研究人员对此不知情，今天的数据和明天的数据容易不具备可比性。二是数据收集过程的性质发生了变化。大数据不再只是被动记录使用者的决策，而是通过算法演化，积极参与到使用者的行为决策中。

第三，看不见的动机。算法演化问题中，数据生成者的行为变化是无意识的，他们只是被页面引导，点出一个个链接。如果在数据分析中不关心因果关系，也就无法处理人们有意识的行为变化影响数据根本特征的问题。这一点，对于数据使用者和对数据收集机构，同样不可忽略。

在推动数字经济发展的过程中，不仅应该关注数据的量，更应该关注数据的质。唯有如此，才能够充分利用数据这一新型的生产要素、新能源。

第二节　平台替代公司：加速资源优化配置

数字经济的发展，必然也带来经济组织的变革。在数字经济下，最有活力的新组织系统就是平台化公司。

一、平台的核心价值

平台的核心价值在于汇集信息、精确匹配供给和需求。经济活动的基本特征之一是信息的严重不对称。从供给和需求的角度看，可能存在的信息不对称情况包括三种：①有需求，无供给。②有供给，无需求。③供给和需求都有，但相互找不到对方。平台化的功能正是将无数的供给者和需求者连接在一起，使双方能够实现低成本的沟通，实现信息的高效流动。

除了精确匹配供给和需求，平台还将使市场这一资源配置的机制更好地发挥作用。市场机制发挥作用，需要不断地重新配置生产要素。

经济平台化之后，供给方之间的竞争会变得更加激烈，能够更好地满足需求的一方将获得更大的市场份额，而效率低、缺乏比较优势的供给方要么提升自己的效率，要么将资源转移到其他领域。平台化，将大大提高市场配置资源的效率。而资源配置效率的提升则是经济增长的重要动力。平台在经济活动中发挥的作用使其成为数字经济的基础。

依托"云、网、端"这些新基础设施，互联网平台创造了全新的商业环境。信息流不再被工业经济供应链体系的巨头所阻隔，供应商和消费者的距离大大缩短，沟通成本大大降低，直接支撑了大规模协作的形成。信息的透明使得企业信用不需要和规模挂钩，各种类型、各种行业的中小企业通过接入平台获得了直接服务消费者的机会。随着数字经济的加速发展，平台化的公司也成为经济活动中关键的组织形态。

二、平台与生态

平台发展之后，会形成一个丰富的生态体系。这是因为，随着规模的扩大，将推动分工的深化。自亚当·斯密的《国富论》开始，分工与专业化就被认为是推动经济增长的重要动力。而平台的发展，将使分工和专业化大大加速和深化。分工的深化，使经济活动的参与者能够不断地发现自身的比较优势，从而在一个很小的领域实现专业化，成为经济活动重要的参与者。这些新兴的参与者，构成了平台上的整个生态系统。

在物种上，成熟的数字经济平台上的物种极为丰富。以阿里巴巴为例，平台为买卖双方提供了基础、标准的服务，大量个性化的商业服务，则由生态系统内各种各样的服务商所提供。目前，服务市场已聚集数万家服务商及服务者，为千万淘宝及天猫卖家提供服务，年交易规模数十亿元，提供了包括店铺装修、图片拍摄、流量推广、商品管理、订单管理、企业内部管理、人员外包等相关服务与工具几十万个。

借助数字经济平台能够实现生态系统成员之间超大规模的协作。这种超大规模的用户数及其背后庞大的生态体系，是工业时代的公司无法比拟的。

平台和商业生态的发展也为经济学家提供了新的启示。经济学的发展一直借鉴物理学的众多概念和理论，但经济学者也逐渐意识到，人类社会与物理世界仍然存在很大的差别。物理世界虽然包含明确的规律，但不是由生命体组成，与人类世界仍然存在根本性区别。但生物学的世界却不一样，其本质上是生命活动所形成的，在生物世界中所发现的规律，对于理解人类社会，理解经济规律将更有帮助。

三、平台型企业

数字经济的平台化特征还体现在平台型企业成为数字经济中关键的参与者。平台经济体的产生有两条路径：互联网原生与跨国公司转型。阿里巴巴、腾讯等都是出生于互联网，不以产品作为战略导向，而是着力建设平台、培育生态，在很短的时间内获得爆发性增长。特别是在"云、网、端"的基础设施逐步完善之后，各种类型的平台经济体如雨后春笋般成长起来。未来，技术会不断拓展平台经济体的边界，可以预见随着新一代技术的成熟与应用，生于互联网且融合实体商业的平台经济体会迎来下一波爆炸性增长。

过去 10 年，科技行业跨国公司正在快速转向平台经济体，并获得了巨大成功。传统行业跨国公司也在逐步培育自己的平台经济体。在工业设备领域，以 GE 为代表的跨国公司在加速部署机器互联战略，通过终端的信息收集设备和统一的数据平台，沉淀海量的机器运行数据，将形成一个全新的机器设备运行维护的生态系统，GE 的 Predix 已初见雏形。

汽车是手机之外最重要的移动终端，车联网一直是整车厂商的必争之地。生态涵盖范围已经拓展到车况跟踪、全生命周期保养维护以及和汽车相关的各种消费等。

在医疗领域，除了大型医疗设备互联，问诊平台创新了以往纯线下的看病方式，患者在医生、就医方式方面有了更多选择。在最传统和保守的金融行业，也看到了通过平台生态系统进行营销、软件开发的案例。

未来的平台经济体发展一定是双轮驱动的。越来越多的跨国公司会发现，开放共享平台经济体的网络效应要远远超过传统供应链优化带来的价值。

四、平台与经济增长

平台经济体的发展，一方面，通过汇集大量的信息，为市场中的企业家和消费者提供了价格信号，帮助他们实现精确匹配，从而降低整个经济活动的交易成本。另一方面，在平台上，更好的产品和服务会不断地替代那些市场竞争力不足的产品和服务，其本质就是生产效率更高的企业不断地获取更多的资源，从而使那些效率低的企业要么通过不断创新提升自己的效率，要么转型到其他行业，进而实现要素的优化配置。

平台经济体可以说是让市场机制配置资源的功能得到了更好的发挥，使资源不断地从效率低的企业和部门配置到效率高的地方。在这一过程中，会不可避免地有破产、失业，这正是市场经济本身所固有的特征。经济学家一般同意，作为法律制定者，应该保护的是竞争本身，而不是竞争者。但在技术快速进步，不同行业生产效率差别非常大的情况下，整个经济资源重新配置的过程也将非常剧烈。这意味着有众多市场主体需要转换行业，众多劳动者需要重新学习新的技能。在这一转变过程中，政府或者行业机构为这些企业和劳动者提供信息、再就业培训等，都能够使这一转变过程变得更为平稳。

第三节　经济活动的全面智能化

大数据和云计算是人工智能发展的重要支撑，而人工智能在经济活动中的应用，将会带来经济活动的全面智能化，这也将是未来经济活动的发展方向。

一、智能医疗

（一）智能医疗概述

智能医疗是近年来国家倡导的一种新型医疗模式，运用先进的互联网技术，实现医疗信息的采集、存储、转换和传输，以及各项业务流程的智能化运作。通过完成线上线下同时运作，实现患者与医务人员、医疗机构、医疗设备之间的互动，大大减轻了患者就诊压力，方便患者就诊。同时有利于医院对相关医疗手段进行完善，更高效率地为患者诊治。智能医疗不只是数字化的简单集合，而是把医疗服务、互联网技术、通信信息技术应用于一体的新型现代化医疗。

1. 线上系统

线上服务系统利用云计算和大数据技术，将传统医疗服务模式移入线上，通过云端设备、智能终端产品等进行运作，以实现智能化医疗手段，提高患者就诊体验。这一创新性的医疗模式为患者提供了更加便捷、高效的医疗服务，为医疗行业带来了巨大的变革。

传统的医疗服务模式存在着时间和空间限制，患者需要亲自前往医院才能获得医生的诊断和治疗。而线上服务系统的出现打破了这种限制，患者可以通过互联网平台随时随地与医生进行沟通，享受远程医疗服务。无论是在线咨询、远程诊断还是远程监护，患者都可以通过智能终端产品与医生建立起互动联系，快速获取专业医疗建议。

云计算和大数据技术为线上服务系统提供了强大的支持。云端设备可以存储大量的医疗数据，包括患者的病历、化验结果、影像资料等。这些数据可以被医生随时访问和分析，从而更好地了解患者的病情，制定更准确的诊断和治疗方案。同时，云计算还可以通过数据分析和挖掘，提供个性化的医疗建议和预防措施，帮助患者更好地管理自己的健康。

智能终端产品在线上服务系统中起到了关键的作用。这些产品可以与云端设备进行连接，实现数据的传输和共享。患者可以通过智能手机、平板电脑或智能手表等设备，随时随地监测自己的健康状况，记录生理参数，如血压、血糖、心率等，将数据上传至云端。医生可以通过远程监护系统实时监控患者的健康状态，并在必要时进行干预和指导，提供更加个性化的治疗方案。

线上服务系统的推广和应用，不仅提高了患者的就诊体验，还大大减轻了医疗资源的压力。患者无需亲自前往医院，就能获得及时的医疗服务，减少了等待时间和排队的烦恼。同时，线上服务系统也能够促进医疗资源的合理配置，减少了医院的负荷，提高了医疗效率。患者可以通过线上服务系统选择合适的医生进行咨询和治疗，无论是在城市还是偏远地区，都能享受到优质的医疗资源。

2. 线下系统

线下服务系统是目前主要的就诊模式，它依托线上服务模式缓解就诊压力，解决就诊问题。同时，医院环境规划布局及医师的服务态度也是影响线下系统体验的重要因素之一。

随着人口的增长和疾病负担的增加，医疗资源紧张成为社会面临的重要挑战。线下服务系统通过提供实体医疗机构的服务，为患者提供高质量的医疗资源和专业的医疗服务。与此同时，线上服务模式的发展也为线下系统带来了很大的帮助。通过线上挂号、预约检查、查看检查报告等功能，患者可以提前了解医疗资源的情况，减少了排队等候的时间和不必要的人员聚集，有效缓解了就诊压力。

然而，线下服务系统的体验不仅仅取决于医疗资源的充足性，还与医院的环境规划布局及医师的服务态度密切相关。医院的环境规划布局应该合理和舒适。一个良好的环境可以为患者提供更好的就诊体验，减少焦虑和不安情绪。医院应该注重细节，提供清洁、明亮、通风良好的诊室和候诊区，为患者提供舒适的就诊环境。医师的服务态度对于患者的就诊体验至关重要。医师应该具备专业的知识和技能，能够准确诊断和治疗疾病。同时，医师还应该关心患者的感受，给予他们充分的关注和尊重。医师的沟通能力也非常重要，他们应该能够清晰地向患者解释疾病的情况和治疗方案，回答患者的问题和疑虑。一个友善、耐心、负责任的医师可以有效地减轻患者的焦虑和恐惧，增强他们对医疗系统的信任感。医院管理层也应该加强对线下服务系统的监管和改进。医院应该定期进行服务质量评估，收集患者的反馈意见，并及时采取措施改进服务

（二）智能医疗创新与优势

"智能医疗是通过打造健康档案区域医疗信息平台，利用最先进的物联网技术，实现患者与医务人员、医疗机构、医疗设备之间的互动，逐步达到信息化。"[①] 智能医疗通过互联网服务模式，线上线下分流运作，改善了传统医疗看病难、就诊过程烦琐等问题，降低了时间空间成本，极大地提升了用户体验。智能医疗相对于传统医疗来说，有以下四个方面的优势：

第一，配置资源。目前智能医疗所占的医疗资源份额较低，空间潜力大，智能医疗会是未来趋势。

第二，分级诊疗。智能医疗可以推进分级诊疗，目前国内已有少部分医院开启远程医疗终端模式，给双向诊疗提供了机会。

第三，医患互信。在智能医疗服务系统中，医患之间相互沟通时间增多，医护人员对患者病情掌握会更全面，便于更好地给患者诊疗，从而改善医患关系。针对一些心理问题、身体缺陷等疾病可利于保护隐私，利于医患之间互相信任。

第四，公开透明化。通过互联网数据共享，可选择性公布公开医师和患者之间的信息，患者也可在服务系统中查找想要的信息，也可解决传统医疗模式下暗箱操作的问题。

二、金融科技

随着人工智能技术在金融业的渗透，国内金融行业也逐步开始应用人工智能技术。随着国内双创政策的推动和对人工智能产业的投资拉动，预计广泛应用的突破点即将到来。

（一）在交易预测方面的应用

如果以人类的大脑来处理如今爆炸式的数据，不要说处理不过来，计算不过来，这么大量的数据能不能塞进大脑还是个问题，于是人工智能再次成为解决方案。往小了说，从一个人的各项行为数据来进行分析，推测一个客户的违约概率；往大了说，统计整个市场

---

①程一方. 智能医疗的发展与应用 [J]. 中国新通信, 2019, 21 (1)：220.

的各项数据波动，以预测大规模的系统性风险，对一家公司乃至世界上所有公司提供高危预警。

全球第一个以人工智能驱动的基金 Rebellion 曾经准确地预测了 2008 年的金融风险，并且提示该年股市存在崩盘的可能。第二年，该智能机器人对希腊证券评级给出了史上最低，而这一结果比以权威著称的惠誉提前了足足一个月。日本在这方面也十分出色，日本三菱公司的一种机器能够预测到日本股市一个月后的涨跌情况，准确率接近 70%。

（二）在投资顾问服务方面的应用

1. 人工智能可以进行投资策略评估，降低投资成本

人工智能可以搭建出一系列的学习机制，而学习机制聚集到一定程度，可以产生相关的知识库，使得人工智能具备主动学习、主动推理、主动决策的能力。

比如，在美国，不少公司都在尝试人工智能搭建的知识库。通过数据算法，对用户进行分类定级，从而为信誉度良好的用户，降低使用产品的门槛。对于每一台人工智能机器而言，其服务客户数量的最大化可以使其复制成本最小化。花旗银行的人工智能客户服务起步于 2012 年，技术支持方则是美国的 IBM 公司，花旗相中的是 IBM 公司旗下的沃森人工智能电脑。该机器能够模拟人类的推理和认知的方式，对出现的问题进行演绎，从而判断出用户的需求、行业的形势、市场的环境等。日本的初创公司，也同样利用人工智能，在图像识别的技术基础上，对用户的外汇信息进行分析，并以图表的形式存储以方便查阅。

2. 人工智能辅助金融新闻、报告、投资意向书的半自动化生产

如美国肯硕公司（Ken-sho）结合自然语言搜索、图形化用户界面和云计算，为投资者提供了一套全新的数据分析工具沃伦（Warren），并且能够回答复杂的金融市场问题。韩国《金融时报》2016 年推出了"人工智能记者"的程序，安装了此项程序的电脑在股市交易日结束时，基于证交所的各项交易数据，仅花费 0.3 秒的时间就可写出一篇关于当日股市行情状况的新闻报道，而半数以上的读者阅读后分不清到底是人写的还是程序完成的。

3. 智能顾问具有速度快、精度高及执行交易敏捷的优势

一般来说，一个智能代理交易程序具有同时跟踪上百只证券的能力，能实时盯盘，根据盘中申报单及高频交易数据的状况，即时拟订最优的交易指令，并精确执行，跨金融市场、跨交易品种的各项交易将可以轻松地实现。如 2007 年纽约一家公司推出首支人工智能投资基金。该公司的交易系统主要基于贝叶斯机器学习，并结合预测算法，通过响应新

的外部信息和过去经验而不断自我演化，有效完成了自学习，在全球 44 个国家成功进行股票、债券、大宗商品和外汇等方面的交易。

三、智能教育

从教育均衡的定义中可以得知，教育不均衡发展是教育资源的不均衡配置造成的不公平教育。而人工智能技术能够打破时间、空间及情感倾向的限制将相关信息资源进行高速传递，实现教育资源的同步、无差异化、最大化共享。也就是说人工智能技术能够破除教育资源不均衡配置的难题，从而实现教育的均衡。人工智能正依据自身的优势，在教育均衡中发挥着补偿、效率提升和媒介的功能。

（一）人工智能技术在促进教育均衡中发挥补偿作用

特殊儿童由于先天或后天的原因存在身体或者智力等方面的缺陷，导致对他们的教育相比较正常儿童要困难得多，再加上特殊儿童存在的特殊情况比较多，教师总量上和专业性上存在不足，难以做到对每一位学生都采取不同的措施和方式进行教学，因此部分特殊儿童得不到应有的教育，这与教育公平的本意相违背，也与全纳教育理念背道而驰。但是人工智能技术能够在这一点上起到较好的补偿作用。人工智能技术具有延伸器官的功能，能够较快识别特殊儿童的缺陷点。基于人工智能技术的智能机器人能够充当机器人老师，对存在不同缺陷的学生采取不同的方式进行教育，例如，对自闭症儿童，可以通过智能机器人对其进行陪伴；对听力障碍学生，可以运用语音转写系统进行学习等。利用不同的信号方式帮助特殊学生获取相应的学习信息，对特殊教育教师数量不足，专业性不够的弱点，发挥缺陷补偿的价值，从而促进教育均衡发展。

（二）人工智能技术在促进教育均衡中发挥效率提升作用

教育的不均衡发展主要体现在教育资源的不均衡，而在各种教育资源中，教师资源是最重要的部分。农村和偏远学校普遍存在教师资源不足，这种不足既体现在教师数量的绝对量不足，也体现在教师水平的不足。随着智能社会的逐步推进，教育技术也在发生变革，人工智能技术方兴未艾，人工智能技术与教育的融合，能够实现学生与名师即时面对面地提问和学习，相比较排队问老师而言，通过人工智能技术进行学习，知识的高度集中让学习效率得到提高。同时教师能够通过人工智能技术提供的平台，录课上传和获得专家点评，能够从各位专家名师有针对性的点评中快速对教学方式方法进行改进，迅速提升教学的水平和质量。人工智能技术以其针对性强和高效性的特点，在推动教育均衡发展中发挥着效率提升的作用。

1. 智慧答疑平台

我国发展过程中形成的城乡二元机构，在教育领域同样存在。在城市，学生放学后能够在电脑上尽情查找学习资料，家庭条件好的学生还可以参加课外辅导班，而农村的学生只能望"书"兴叹。同时城市的条件更加优越，城市的教师数量更多；而在农村，还有部分学校因为缺少专任教师，连基本课程都开不全。通过人工智能技术，搭建在线答疑平台，把名师"请回家"，能够在一定程度上弥补教师数量的不足，高效地满足不同学生的学习需求。

2. 专属导师

教育资源的核心是人，即教师。教师的水平越高，教出来的学生越好，可见教师的水平至关重要。今年来，我国通过特岗教师、公费师范生等方式补给了特别是向农村学校补充了教师，但是教师的水平参差不齐，影响课堂的教学效果。虽然学校会安排有经验的教师帮助成长，但有经验的教师的时间和精力有限，这种"师徒结对"的方式虽然有效，但是难以在短期内培养大量的优秀教师，而通过"智慧教师培养计划"，通过平台将名师"请"回家，可以较好地促进教师的成长和发展。

（三）人工智能技术在促进教育均衡中发挥媒介作用

教育的不均衡发展体现在师资力量不强和教育资源不对等两个方面。在城市地区，拥有大量的高级教师、名师等优质教师资源，这使得城市学校能够提供更好的教学质量和教学水平。然而，农村地区的教师流失问题严重，导致农村学校的教学质量和教学水平相对较低。为了缓解贫困和偏远地区教师力量不足的问题，智慧教育的双师教学模式可以将城市的优质课堂通过互联网传送到农村学校，使农村学生能够与城市学生共同上一堂课。

双师教学模式是指一位城市教师通过互联网直播技术将课堂内容传递给农村学校的学生，同时由当地的一位教师进行辅导和管理。这种模式可以充分利用城市教师的优质教学资源，弥补农村学校教师力量不足的短板。

实施双师教学模式对于促进教育均衡发展具有重要意义。

第一，它能够打破城乡学校间的空间壁垒。由于城乡发展差异和教育资源不均衡，农村学校往往无法获得城市学校的优质教学资源。通过双师教学模式，城市的优质课堂可以传送到农村学校，弥补了城乡之间的教育差距。

第二，双师教学模式可以破解小规模农村学校发展的难题。由于农村地区学生数量相对较少，学校规模较小，很难招聘和留住高质量的教师。通过双师教学模式，一位城市教师可以同时辅导多个农村学校的学生，解决了教师资源的匮乏问题，提高了农村学校的教育教学质量。

第三，双师教学模式还能够加强教师的专业发展。通过与城市教师的互动和合作，农村教师可以接触到更先进的教育理念和教学方法，提升自身的教学水平。这有助于改善农村教师队伍整体素质，进一步提高农村学校的教育质量。

总的来说，智慧教育的双师教学模式可以通过互联网将城市的优质教学资源传递到农村学校，缓解贫困和偏远地区教师力量不足的问题，促进教育均衡发展。通过移动互联网和网络终端设备，农村学校可以轻松获取优质教育资源，提高教学水平。同时，双师教学模式也有助于打破城乡教育差距，破解小规模农村学校发展的难题。政府和相关部门应加大对农村地区网络建设和教育设施的投入，提供必要的支持和保障，以推动双师教学模式在教育领域的广泛应用。

第五章

数字经济时代的基础设施

第一节　大数据

大数据是继云计算、物联网之后 IT 产业又一次重大技术变革，对现实生活产生了方方面面的影响。

一、大数据技术及其平台能力

（一）大数据概论

1. 大数据的特性

大数据呈现出以下多种鲜明的特性。

（1）在数据量方面。当前全球所拥有的数据总量已经远远超过历史上的任何时期，更为重要的是，数据量的增加速度呈倍增趋势，并且每个应用所计算的数据量也大幅增加。

（2）在数据速率方面。数据的产生、传播的速度更快，在不同时空中流转，呈现出鲜明的流式特征，更为重要的是，数据价值的有效时间急剧缩短，也要求越来越高的数据计算和使用能力。

（3）在数据复杂性方面。数据种类繁多，数据在编码方式、存储格式、应用特征等多个方面也存在多层次、多方面的差异性，结构化、半结构化、非结构化数据并存，并且半结构化、非结构化数据所占的比例不断增加。

（4）在数据价值方面。数据规模增大到一定程度之后，隐含于数据中的知识的价值也随之增大，并将更多地推动社会的发展和科技的进步。此外，大数据往往还呈现出个性化、不完备化、交叉复用等特征。

大数据蕴含大信息，大信息提炼大知识，大知识将在更高的层面、更广的视角、更大的范围帮助用户提高洞察力，提升决策力，将为人类社会创造前所未有的重大价值。但与此同时，这些总量极大的价值往往隐藏在大数据中，表现出价值密度极低、分布极其不规律、信息隐藏程度极深、发现有用的价值极其困难的鲜明特征。这些特征必然为大数据的计算环节带来前所未有的挑战和机遇，并要求大数据计算系统具备高性能、实时性、分布式、易用性、可扩展性等特征。

如果将云计算看作对过去传统 IT 架构的颠覆，云计算也仅仅是硬件层面对行业的改造，而大数据的分析应用却是对行业中业务层面的升级。大数据将改变企业之间的竞争模式，未来的企业将是数据化生存的企业，企业之间竞争的焦点将从资本、技术、商业模式的竞争转向对大数据的争夺，这将体现为一个企业拥有的数据的规模、数据的多样性以及基于数据构建全新的产品和商业模式的能力。目前来看，越来越多的传统企业看到了云计算和大数据的价值，从传统的 IT 积极向 DT 时代转型是当前一段时间的主流，简单地解决云化的问题，并不能给其带来更多价值。

2. 数据交易

在未来，数据将成为商业竞争最重要的资源，谁能更好地使用大数据，谁将领导下一代的商业潮流。所谓无数据，不智能；无智能，不商业。下一代的商业模式就是基于数据智能的全新模式，虽然才开始萌芽，才有几个有限的案例，但是其巨大的潜力已经被人们认识到。简单而言，大数据需要有大量能互相连接的数据（无论是自己的，还是购买、交换别人的），它们在一个大数据计算平台（或者能互通的各个数据节点上），有相同的数据标准能正确的关联（如 ETL、数据标准），通过大数据相关处理技术（如算法、引擎、机器学习），形成自动化、智能化的大数据产品或者业务，进而形成大数据采集、反馈的闭环，自动智能地指导人类的活动、工业制造、社会发展等。但是，数据交易并没有这么简单，因为数据交易涉及以下问题：

（1）保护用户隐私信息问题。欧盟目前已经出台了苛刻的数据保护条例，还处在萌芽状态的中国大数据行业，如何确保用户的隐私信息不被泄露，是需要正视的重要问题，对于一些非隐私信息，比如地理数据、气象数据、地图数据进行开放、交易、分析是非常有价值的，但是一旦涉及用户的隐私数据，特别是单个人的隐私数据，就会涉及道德与法律的风险。

数据交易之前的脱敏或许是一种解决办法，但是并不能完全解决这个问题，因此一些厂商提出了另一种解决思路，基于平台担保的"可用不可见"技术。例如，双方的数据上传到大数据交易平台，双方可以使用对方的数据以获得特定的结果，如通过上传一些算法、模型而获得结果，双方都不能看到对方的任何详细数据。

（2）数据的所有者问题。数据作为一种生产资料，与农业时期的土地、工业时期的资本不一样，使用之后并不会消失。如果作为数据的购买者，这个数据的所有者是谁；如何确保数据的购买者不会再次售卖这些数据；或者购买者加工了这些数据之后，加工之后的数据所有者是谁。

（3）数据使用的合法性问题。大数据营销中，目前用得最多的就是精准营销。数据交易中，最值钱的也是个人数据。人们日常分析做的客户画像，目的就是给海量客户分群、打标签，然后有针对性地开展定向营销和服务。然而，如果利用用户的个人信息（比如年龄、性别、职业等）进行营销，必须事先征得用户的同意，才能向用户发送广告信息。

所以，数据的交易与关联使用必须解决数据标准、立法以及监管的问题，在未来，不排除有专门的法律，甚至专业的监管机构，如各地成立大数据管理局来监管数据的交易与使用问题。如果每个企业都只有自身的数据，即使消除了企业内部的信息孤岛，还有企业外部的信息孤岛。

3. 大数据的渠道来源

在下一代的革命中，无论是工业 4.0（即中国制造 2025）还是物联网（甚至是一个全新的协议与标准），随着数据科学与云计算能力（甚至是基于区块链的分布式计算技术）的发展，唯独数据是所有系统的核心。万物互联、万物数据化之后，基于数据的个性化、智能化将是一次全新的革命，将超越 100 多年前开始的自动化生产线的工业 3.0，给人类社会整体的生产力提升带来一次根本性的突破，实现从 0—1 的巨大变化。正是在这个意义上，这是一场商业模式的范式革命。商业的未来、知识的未来、文明的未来，本质上就是人的未来。而基于数据智能的智能商业，就是未来的起点。大数据的第一要务就是需要有数据。

关于数据来源，普遍认为互联网及物联网是产生并承载大数据的基地。互联网公司是天生的大数据公司，在搜索、社交、媒体、交易等各自的核心业务领域，积累并持续产生海量数据。能够上网的智能手机和平板电脑越来越普遍，这些移动设备上的 App 都能够追踪和沟通无数事件，从 App 内的交易数据（如搜索产品的记录事件）到个人信息资料或状态报告事件（如地点变更，即报告一个新的地理编码）。非结构数据广泛存在于电子邮件、文档、图片、音频、视频以及通过博客、维基，尤其是社交媒体产生的数据流中。这些数据为使用文本分析功能进行分析提供了丰富的数据源泉，还包括电子商务购物数据、交易行为数据、Web 服务器记录的网页点击流数据日志。

物联网设备每时每刻都在采集数据，设备数量和数据量都在与日俱增，包括功能设备创建或生成的数据，如智能电表、智能温度控制器、工厂机器和连接互联网的家用电器。

这些设备可以配置与互联网络中的其他节点通信，还可以自动向中央服务器传输数据，这样就可以对数据进行分析。机器和传感器数据是来自物联网所产生的主要例子。

这两类数据资源作为大数据重要组成部分，正在不断产生各类应用。比如，来自物联网的数据可以用于构建分析模型，实现连续监测（如当传感器值表示有问题时进行识别）和预测（如警示技术人员在真正出问题之前检查设备）。国外出现了这类数据资源应用的不少经典案例。还有一些企业，在业务中也积累了许多数据，如房地产交易、大宗商品价格、特定群体消费信息等。从严格意义上说，这些数据资源还算不上大数据，但对商业应用而言，却是最易获得和比较容易加工处理的数据资源，也是当前在国内比较常见的应用资源。

在国内还有一类是政府部门掌握的数据资源，普遍认为质量好、价值高，但开放程度差。许多官方统计数据通过灰色渠道流通出来，经过加工成为各种数据产品。《大数据纲要》把公共数据互联、开放、共享作为努力方向，认为大数据技术可以实现这个目标。

对于某一个行业的大数据场景，一是要看这个应用场景是否真有数据支撑，数据资源是否可持续，来源渠道是否可控，数据安全和隐私保护方面是否有隐患；二是要看这个应用场景的数据资源质量如何，能否保障这个应用场景的实效。对于来自自身业务的数据资源，具有较好的可控性，数据质量一般也有保证，但数据覆盖范围可能有限，需要借助其他资源渠道；对于从互联网抓取的数据，技术能力是关键，既要有能力获得足够大的量，又要有能力筛选出有用的内容；对于从第三方获取的数据，需要特别关注数据交易的稳定性。数据从哪里来是分析大数据应用的起点，如果一个应用没有可靠的数据来源，再好、再高超的数据分析技术都是无本之木。许多应用并没有可靠的数据来源，或者数据来源不具备可持续性，只是借助大数据风口套取资金。

4. 大数据的关联分析

数据无处不在，人类从发明文字开始，就开始记录各种数据，只是保存的介质一般是书本，这难以分析和加工。随着计算机与存储技术的快速发展，以及万物数字化的过程（音频数字化、图形数字化等），出现了数据的爆发。而且数据爆发的趋势随着万物互联的物联网技术的发展会越来越迅速。同时，对数据的存储技术和处理技术的要求也会越来越高。大数据已经成为当下人类最宝贵的财富，怎样合理有效地运用这些数据，发挥这些数据应有的作用，是大数据将要做到的。

早期的企业比较简单，关系型数据库中存储的数据往往是全部的数据来源，这个时候对应的大数据技术也就是传统的 OLAP 数据仓库解决方案。因为关系型数据库中基本上存储了所有数据，往往大数据技术也比较简单，直接从关系型数据库中获得统计数据，或者创建一个统一的 OLAP 数据仓库中心。以淘宝为例，淘宝早期的数据基本来源于主业务的 OLTP 数据库，数据不外乎用户信息（通过注册、认证获取）、商品信息（通过卖家上传获得）、交易数据（通过买卖行为获得）、收藏数据（通过用户的收藏行为获得）。从公司的业务层面来看，关注的也就是这些数据的统计，比如总用户数，活跃用户数，交易笔数、金额（可钻取到类目、省份等），支付宝笔数、金额，等等。因为这个时候没有营销系统，没有广告系统，公司也只关注用户、商品、交易的相关数据，这些数据的统计加工就是当时大数据的全部。

但是，随着业务的发展，如个性化推荐、广告投放系统的出现，会需要更多的数据来做支撑，而数据库的用户数据，除了收藏和购物车是用户行为的体现外，用户的其他行为（如浏览数据、搜索行为等）是不展示的。这里就需要引进另一个数据来源，即日志数据，记录用户的行为数据，可以通过储存在用户本地终端上的数据（Cookie）技术，只要用户登录过一次，就能与真实的用户取得关联。比如通过获取用户的浏览行为和购买行为，进而可以给用户推荐可能感兴趣的商品，基于最基础的用户行为数据做的推荐算法。这些行为数据还可以用来分析用户的浏览路径和浏览时长，这些数据是用来改进相关电商产品的重要依据。

移动互联网飞速发展，随着原生方法（Native）技术的 App 大规模出现，用传统日志方式获取移动用户行为数据已经不再可能，这个时候涌现了一批新的移动数据采集分析工具，通过内置的 SDK 可以统计原生方法（Native）上的用户行为数据。数据是统计到了，但是新的问题也诞生了，比如在 PC 上的用户行为怎么对应到移动端的用户行为，这个是脱节的，因为 PC 上有 PC 上的标准，移动端又采用了移动的标准，如果有一个统一的用户库，如登录名、邮箱、身份证号码、手机号、IMEI 地址、MAC 地址等，来唯一标识一个用户，无论是哪里产生的数据，只要是第一次关联上来，后面就能对应上。

大数据发展到后期，企业内部的数据已经不能满足公司的需要。比如淘宝，想要对用户进行一个完整的画像分析，想获得用户的实时地理位置、爱好、星座、消费水平、开什么样的车等，用于精准营销。

5. 大数据的常用功能

如何把数据资源转化为解决方案，实现产品化，是人们特别关注的问题。大数据主要有以下六种较为常用的功能。

（1）追踪。互联网和物联网无时无刻不在记录，大数据可以追踪、追溯任何记录，形成真实的历史轨迹。追踪是许多大数据应用的起点，包括消费者购买行为、购买偏好、支付手段、搜索和浏览历史、位置信息等。

（2）识别。在对各种因素全面追踪的基础上，通过定位、比对、筛选可以实现精准识别，尤其是对语音、图像、视频进行识别，丰富可分析的内容，得到的结果更为精准。

（3）画像。通过对同一主体不同数据源的追踪、识别、匹配，形成更立体的刻画和更全面的认识。对消费者画像，可以精准地推送广告和产品；对企业画像，可以准确地判断其信用及面临的风险。

（4）预测。在历史轨迹、识别和画像基础上，对未来趋势及重复出现的可能性进行预测，当某些指标出现预期变化或超预期变化时给予提示、预警。以前也有基于统计的预测，大数据丰富了预测手段，对建立风险控制模型有深刻意义。

（5）匹配。在海量信息中精准追踪和识别，利用相关性、接近性等进行筛选比对，更有效率地实现产品搭售和供需匹配。大数据匹配功能是互联网约车、租房、金融等共享经济新商业模式的基础。

（6）优化。按距离最短、成本最低等给定的原则，通过各种算法对资源等进行优化配置。对企业而言，提高服务水平，提升内部效率；对公共部门而言，节约公共资源，提升公共服务能力。

当前许多貌似复杂的应用，大都可以细分成以上几种类型。例如，大数据精准扶贫项目，从大数据应用角度，通过识别、画像，可以对贫困户实现精准筛选和界定，找对扶贫对象；通过追踪、提示，可以对扶贫资金、扶贫行为和扶贫效果进行监控和评估；通过配对、优化，可以更好地发挥扶贫资源的作用。这些功能也并不都是大数据所特有的，只是大数据远远超出了以前的技术，可以做得更精准、更快、更好。

（二）大数据的影响分析

"在全球信息化快速发展的背景下，大数据已经成为一种战略资源。各行各业的决策活动在频度、广度及复杂性上较以往有着本质的不同。"[①] 大数据对科学研究、思维方式和社会发展都具有重要而深远的影响。在科学研究方面，大数据使得人类科学研究在经历了实验、理论、计算 3 种范式之后，迎来了第四种范式——数据；在思维方式方面，大数据具有"全样而非抽样、效率而非精确、相关而非因果"三大显著特征，完全颠覆了传统的思维方式；在社会发展方面，大数据决策逐渐成为一种新的决策方式，大数据应用有力促进了信息技术与各行业的深度融合，大数据开发大大推动了新技术和新应用的不断涌现；在就业市场方面，大数据的兴起使得数据科学家成为热门人才；在人才培养方面，大

---

① 于洪，何德牛，王国胤，等. 大数据智能决策 [J]. 自动化学报，2020，46（5）：878-896.

数据的兴起将在很大程度上改变我国高校信息技术相关专业的现有教学和科研体制。

1. 大数据对科学研究的影响

人类自古以来在科学研究上先后历经了实验、理论、计算和数据4种范式。

（1）第一种范式：实验科学。在最初的科学研究阶段，人类采用实验来解决一些科学问题，著名的比萨斜塔实验就是一个典型实例。1590年，伽利略在比萨斜塔上做了"两个铁球同时落地"的实验，得出了重量不同的两个铁球同时下落的结论，从此推翻了亚里士多德"物体下落速度和重量成比例"的学说，纠正了这个持续了1900年之久的错误结论。

（2）第二种范式：理论科学。实验科学的研究会受到当时实验条件的限制，难以完成对自然现象更精确的理解。随着科学的进步，人类开始采用各种数学、几何、物理等理论，构建问题模型和解决方案。比如，牛顿第一定律、牛顿第二定律、牛顿第三定律构成了牛顿力学的完整体系，奠定了经典力学的概念基础，它的广泛传播和运用对人们的生活和思想产生了重大影响，在很大程度上推动了人类社会的发展与进步。

（3）第三种范式：计算科学。随着1946年人类历史上第一台计算机ENIAC的诞生，人类社会开始步入计算机时代，科学研究也进入了一个以"计算"为中心的全新时期。在实际应用中，计算科学主要用于对各个科学问题进行计算机模拟和其他形式的计算。通过设计算法并编写相应程序输入计算机运行，人类可以借助于计算机的高速运算能力去解决各种问题。计算机具有存储容量大、运算速度快、精度高、可重复执行等特点，是科学研究的利器，推动了人类社会的飞速发展。

（4）第四种范式：数据密集型科学。随着数据的不断累积，其宝贵价值日益得到体现，物联网和云计算的出现，更是促成了事物发展从量变到质变的转变，使人类社会开启了全新的大数据时代。这时，计算机不仅能做模拟仿真，还能进行分析总结，得到理论。在大数据环境下，一切将以数据为中心，从数据中发现问题、解决问题，真正体现数据的价值。

大数据将成为科学工作者的宝藏，从数据中可以挖掘未知模式和有价值的信息，服务于生产和生活，推动科技创新和社会进步。虽然第三种范式和第四种范式都是利用计算机来进行计算，但是两者还是有本质的区别。在第三种研究范式中，一般是先提出可能的理论，再收集数据，然后通过计算来验证。而对于第四种研究范式，则是先有了大量已知的数据，然后通过计算得出之前未知的理论。

2. 大数据对思维方式的影响

大数据时代最大的转变就是思维方式的3种转变：全样而非抽样、效率而非精确、相关而非因果。

（1）全样而非抽样。过去，由于数据存储和处理能力的限制，在科学分析中，通常采用抽样的方法，即从全集数据中抽取一部分样本数据，通过对样本数据的分析来推断全集数据的总体特征。通常，样本数据规模要比全集数据小很多，因此，可以在可控的代价内实现数据分析的目的。现在，人们已经迎来大数据时代，大数据技术的核心就是海量数据的存储和处理，分布式文件系统和分布式数据库技术提供了理论上近乎无限的数据存储能力，分布式并行编程框架（MapReduce）提供了强大的海量数据并行处理能力。

因此，有了大数据技术的支持，科学分析完全可以直接针对全集数据而不是抽样数据，并且可以在短时间内迅速得到分析结果，速度之快，超乎想象。

（2）效率而非精确。过去，在科学分析中采用抽样分析方法，就必须追求分析方法的精确性，因为抽样分析只是针对部分样本的分析，其分析结果被应用到全集数据以后，误差会被放大，这就意味着，抽样分析的微小误差被放大到全集数据以后，可能会变成一个很大的误差。因此，为了保证误差被放大到全集数据时仍然处于可以接受的范围，就必须确保抽样分析结果的精确性。正是由于这个原因，传统的数据分析方法往往更加注重提高算法的精确性，其次才是提高算法效率。

现在，大数据时代采用全样分析而不是抽样分析，全样分析结果就不存在误差被放大的问题。因此，追求高精确性已经不是其首要目标；相反，大数据时代具有"秒级响应"的特征，要求在几秒内就迅速给出针对海量数据的实时分析结果，否则就会丧失数据的价值，因此，数据分析的效率成为关注的核心。

（3）相关而非因果。过去，数据分析的目的主要有两个方面：一方面，解释事物背后的发展机理。比如，一个大型超市在某个地区的连锁店，在某个时期内净利润下降很多，这就需要 IT 部门对相关销售数据进行详细分析找出发生问题的原因；另一方面，用于预测未来可能发生的事件。比如，通过实时分析微博数据，当发现人们对雾霾的讨论明显增加时，就可以建议销售部门增加口罩的进货量，因为人们关注雾霾的一个直接结果是，大家会想到购买口罩来保护自己的身体健康。

不管是哪个目的，其实都反映了一种"因果关系"。但是，在大数据时代，因果关系不再那么重要，人们转而追求"相关性"而非"因果性"。比如，人们去网络购物时，当购买了一把汽车防盗锁以后，网络购物平台还会自动提示，与消费者购买相同物品的其他客户还购买了汽车坐垫，换言之，网络购物平台只会告诉消费者"购买汽车防盗锁"和"购买汽车坐垫"之间存在相关性，但是并不会阐释其他客户购买了汽车防盗锁以后还会购买汽车坐垫的理由。

3. 大数据对社会发展的影响

大数据将会对社会发展产生深远的影响，具体表现在：大数据决策成为一种新的决策方式；大数据应用促进信息技术与各行业的深度融合；大数据开发推动新技术和新应用的不断涌现。

（1）大数据决策成为一种新的决策方式。根据数据制定决策，并非大数据时代所特有。从20世纪90年代开始，数据仓库和商务智能工具就开始大量用于企业决策。发展到今天，数据仓库已经是一个集成的信息存储仓库，既具备批量和周期性的数据加载能力，也具备数据变化的实时探测、传播和加载能力，并能结合历史数据和实时数据实现查询分析和自动规则触发，从而提供对战略决策（如宏观决策和长远规划等）和战术决策（如实时营销和个性化服务等）的双重支持。但是，数据仓库以关系数据库为基础，无论是数据类型还是数据量方面都存在较大的限制。

现在，大数据决策可以面向类型繁多的、非结构化的海量数据进行决策分析，已经成为受到追捧的全新决策方式。比如，政府部门可以把大数据技术融入"舆情分析"，通过对论坛、微博、微信、社区等多种来源数据进行综合分析，弄清或测验信息中本质性的事实和趋势，揭示信息中含有的隐性情报内容，对事物发展做出情报预测，协助实现政府决策，有效应对各种突发事件。

（2）大数据应用促进信息技术与各行业的深度融合。互联网、银行、保险、交通、材料、能源、服务等行业领域，不断累积的大数据将加速推进这些行业与信息技术的深度融合，开拓行业发展的新方向。比如，大数据可以帮助快递公司选择运费成本最低的最佳行车路径，协助投资者选择收益最大化的股票投资组合，辅助零售商有效定位目标客户群体，帮助互联网公司实现广告精准投放，还可以让电力公司做好配送电计划确保电网安全等。总之，大数据所触及的每个角落，社会生产和生活都会因之而发生巨大且深刻的变化。

（3）大数据开发推动新技术和新应用的不断涌现。大数据的应用需求是大数据新技术开发的源泉。在各种应用需求的强烈驱动下，各种突破性的大数据技术将被不断提出并得到广泛应用，数据的能量也将不断得到释放。在不远的将来，原来那些依靠人类自身判断力的领域应用，将逐渐被各种大数据的应用所取代。比如，今天的汽车保险公司，只能凭借少量的车主信息，对客户进行简单类别划分，并根据客户的汽车出险次数给予相应的保费优惠方案，客户选择哪家保险公司都没有太大差别。随着车联网的出现，"汽车大数据"将会深刻改变汽车保险业的商业模式，如果某家商业保险公司能够获取客户车辆的相关细节信息，并利用事先构建的数学模型对客户等级进行更加细致的判定，给予更加个性化的

"一对一"优惠方案，那么这家保险公司将具备明显的市场竞争优势，获得更多客户的青睐。

4. 大数据对就业市场的影响

大数据的兴起使得数据科学家成为热门人才。2010 年在高科技劳动力市场上还很难见到数据科学家的头衔，但此后，数据科学家逐渐发展成为市场上最热门的职位之一，具有广阔发展前景，并代表着未来的发展方向。

互联网企业和零售、金融类企业都在积极争夺大数据人才，数据科学家成为大数据时代最紧缺的人才。大数据中包含了大量的非结构化数据，未来将会产生大量针对非结构化数据分析的市场需求，因此，未来中国市场对掌握大数据分析专业技能的数据科学家的需求会逐年递增。

尽管有少数人认为未来有更多的数据会采用自动化处理，会逐步降低对数据科学家的需求，但是仍然有更多的人认为，随着数据科学家给企业所带来的商业价值的日益体现，市场对数据科学家的需求会越发旺盛。

5. 大数据对人才培养的影响

大数据的兴起将在很大程度上改变中国高校信息技术相关专业的现有教学和科研体制。

（1）数据科学家是一个需要掌握统计、数学、机器学习、可视化、编程等多方面知识的复合型人才，在中国高校现有的学科和专业设置中，上述专业知识分布在数学、统计和计算机等多个学科中，任何一个学科都只能培养某个方向的专业人才，无法培养全面掌握数据科学相关知识的复合型人才。

（2）数据科学家需要大数据应用实战环境，在真正的大数据环境中不断学习、实践并融会贯通，将自身技术背景与所在行业业务需求进行深度融合，从数据中发现有价值的信息，但是目前大多数高校还不具备这种培养环境，不仅缺乏大规模基础数据，也缺乏对领域业务需求的理解。

鉴于上述两个原因，目前国内的数据科学家人才并不是由高校培养的，而主要是在企业实际应用环境中通过边工作边学习的方式不断成长起来的，其中，互联网领域集中了大多数的数据科学家人才。

因此，高校应该秉承"培养人才、服务社会"的理念，充分发挥科研和教学综合优势，培养一大批具备数据分析基础能力的数据科学家，有效缓解数据科学家的市场缺口，为促进经济社会发展做出更大贡献。目前，国内很多高校开始设立大数据专业或者开设大数据课程，加快了推进大数据人才培养体系的建立。

高校培养数据科学家人才需要采取"引进来"和"走出去"。所谓"引进来"，是指高校要加强与企业的紧密合作，从企业引进相关数据，为学生搭建起接近企业应用实际的、仿真的大数据实战环境，让学生有机会理解企业业务需求和数据形式，为开展数据分析奠定基础，同时从企业引进具有丰富实战经验的高级人才，承担起数据科学家相关课程教学任务，切实提高教学质量、水平和实用性。所谓"走出去"，是指积极鼓励和引导学生走出校园，进入互联网、金融、电信等具备大数据应用环境的企业去开展实践活动，同时努力加强产学研合作，创造条件让高校教师参与到企业大数据项目中，实现理论知识与实际应用的深层次融合，锻炼高校教师的大数据实战能力，为更好培养数据科学家人才奠定基础。

在课程体系的设计上，高校应该打破学科界限，设置跨院系跨学科的"组合课程"，由来自计算机、数学、统计等不同院系的教师构建联合教学师资力量，多方合作，共同培养具备大数据分析基础能力的数据科学家，使其全面掌握包括数学、统计学、数据分析、商业分析和自然语言处理等在内的系统知识，具有独立获取知识的能力，并具有较强的实践能力和创新意识。

（三）大数据平台的能力

实现对大数据的管理需要大数据技术的支撑，但仅使用单一的大数据技术实现大数据的存储、查询、计算等不利于日后的维护与扩展，因此构建一个统一的大数据平台至关重要。

第一，数据采集能力。拥有数据采集能力要有数据来源，在大数据领域，数据是核心资源。数据的来源方式有很多，主要包括公共数据（如微信、微博、公共网站等公开的互联网数据）、企业应用程序的埋点数据（企业在开发自己的软件时会接入记录功能按钮及页面的点击等行为数据）以及软件系统本身用户注册及交易产生的相关用户及交易数据。对数据的分析与挖掘都需要建立在这些原始数据的基础上，而这些数据通常具有来源多、类型杂、体量大3个特点。因此大数据平台需要具备对各种来源和各种类型的海量数据的采集能力。

第二，数据存储能力。在大数据平台对数据进行采集之后，就需要考虑如何存储这些海量数据的问题了，根据业务场景和应用类型的不同会有不同的存储需求。比如，针对数据仓库的场景，数据仓库的定位主要是应用于联机分析处理，因此往往会采用关系型数据模型进行存储；针对一些实时数据计算和分布式计算场景，通常会采用非关系型数据模型进行存储；还有一些海量数据会以文档数据模型的方式进行存储。因此大数据平台需要具备提供不同的存储模型以满足不同场景和需求的能力。

第三，数据处理与计算能力。在对数据进行采集并存储下来之后，就需要考虑如何使用这些数据了。需要根据业务场景对数据进行处理，不同的处理方式会有不同的计算需求。比如，针对数据量非常大但是对时效性要求不高的场景，可以使用离线批处理；针对一些对时效性要求很高的场景，就需要用分布式实时计算来解决了。因此大数据平台需要具备灵活的数据处理和计算的能力。

第四，数据分析能力。在对数据进行处理后，就可以根据不同的情形对数据进行分析了。如可以应用机器学习算法对数据进行训练，然后进行一些预测和预警等；还有可以运用多维分析对数据进行分析来辅助企业决策等。因此大数据平台需要具备数据分析的能力。

第五，数据可视化与应用能力。数据分析的结果仅用数据的形式进行展示会显得单调且不够直观，因此需要把数据进行可视化，以提供更加清晰直观的展示形式。对数据的一切操作最后还是要落实到实际应用中去，只有应用到现实生活中才能体现数据真正的价值。因此大数据平台需要具备数据可视化并能进行实际应用的能力。

二、大数据助力数字产业实现跨越式升级

数据作为一种"可再生"生产要素，取之不尽，用之不竭，而且会长期持续保持增长，并能为各行各业带来新增长。大数据发展的速度加快，也给经济增长和企业发展的方向与逻辑带来了重要影响。大数据推动传统产业转型改造，助力数字产业实现跨越式升级。2020年4月9日，中共中央、国务院印发《关于构建更加完善的要素市场化配置体制机制的意见》，这是中央关于要素市场化配置的第一份文件。该文件分类提出土地、劳动力、资本、技术、数据这五个要素领域改革的方向，首次把数据要素纳入进来，强调了数据作为生产要素的重要性。

随着5G商用加快，工业互联网、产业互联网海量数据将被挖掘，数据资源云化将有助于推动互联网数据中心产业升级。数字资产化、资产数字化和产业数字化，是推动新基建时代大数据发展的十分重要的新形态。以数字资产化、资产数字化和产业数字化融合为特征的产业创新，构成了一个全新的体系，或将重塑传统产业的运行方式、服务模式乃至整个生态。

（一）大数据推动各行各业转型升级

现如今，大数据已经不再被视为一种新兴技术，其被广泛应用于数字金融、数字营

销、智能城市、智慧医疗、智慧物流、供应链管理等诸多实践领域中，与各行各业深度融合推动产业优化升级。传统产业成为当前大数据应用、创新的重要场景，通过向各行各业渗透数字化知识和技术，引导第一、第二、第三产业融合发展，正是大数据与传统产业之间的融合，支撑起了数字经济的快速发展。

1. 数据交易将迎来战略机遇

随着大数据、移动互联网、物联网等产业的深入发展，我国数据量将呈现爆发式增长，数据交易也将迎来战略机遇。我国大数据战略谋篇布局不断展开，大数据产业加速发展，现已经历四个不同阶段。第一阶段为预热阶段，2014 年，大数据首次写入政府工作报告，逐渐成为各界关注的热点，大数据元年正式开启；第二阶段为起步阶段，2015 年，国务院发布了发展大数据的战略性指导文件，体现出国家层面对大数据发展的顶层设计和统筹布局；第三阶段为落地阶段，《"十三五"国家战略性新兴产业发展规划》和《大数据产业发展规划（2016—2020 年）》的提出加快了大数据落地；第四阶段为深化阶段，2017 年 10 月至今，在国家战略的指引下，大数据与实体经济深度融合，国内大数据产业迎来全面良好的发展态势。另外，在国务院 2018 年的政府工作报告中，明确了要发展壮大新动能。

2. 要做大做强新兴产业集群

实施大数据发展行动，运用新技术、新业态、新模式，大力改造提升传统产业。数字资产化和资产数字化的关键在于完成数据价值的变现，使数据以及数据产生的信息成为公认的资产，使传统资产通过数字化的方式，挖掘资产的数字价值，将其变现为用户价值、群体价值、社会价值。海量数据相遇并产生碰撞，有利于促进产业升级、社会治理，从而惠及民生。

3. 数据打通产业链内外部连接

"从数据中来，到实体中去"是发展数字经济的根本出发点与落脚点，也是数字化的根本任务。数据可以打通线上与线下，数字化转型的过程将物理世界的多维信息以及产业知识数字化，产生海量数据。将大数据分析应用的结果反哺到实体场景中会释放数据红利，实现价值创造。同时，数据可以打通产业链各环节的内外部连接，行业各方用共建共生替代自我封闭，实现数据和技术应用在多产业、多链条的网状串联与协同，进而创造更大的产业价值和客户价值。

（二）大数据推动实体经济提质增效

大数据促进产业格局重构。从大数据的应用市场来看，我国大数据应用正处于高速发展时期，大数据市场陆续出现新商业模式。随着大数据底层设施逐渐成熟和技术融合的催化，大数据分析开始结合具体行业，向下游垂直行业应用延伸。各行各业数字化、网络化、智能化进程明显提速，将有助于促进产业格局重构，驱动生产方式和管理模式变革，推动新业态酝酿形成。其中，数字资产化、资产数字化和产业数字化成为大数据的主要应用方向和趋势。

数字化路径实现降本增效。数字资产化、资产数字化和产业数字化可以实现对传统数据管理的扩充与升级，在降低企业数据使用的成本，提高以数据指导管理决策的效率方面，提升数字化管理水平已然成为大数据时代中产业优化升级和提高企业竞争力的关键。

近年来，我国金融科技创新保持了快速的迭代升级，多层次、多样化的金融科技生态体系逐步形成，塑造了坚实的技术基础。数字资产化和资产数字化的发展，推动金融科技和数字科技企业向金融机构持续输出金融科学技术、产品和解决方案，打造金融科技开放平台，利用数字科技连接金融机构和实体企业，推动金融数字化的发展。通过数字资产化和资产数字化，金融科技和数字科技企业在核心能力积累到一定程度之后，为使金融服务能更高效地服务于实体产业，便不断拓展业务边界，将金融方面的经验应用到产业数字化中。金融的产生最早是在港口，是基于贸易的需要，与实体企业紧密结合。产业数字化是对实体产业的整个经营流程进行数字化升级。一方面，可以助力实体产业自身实现降本增效和模式升级；另一方面，可以让金融和产业更好地结合。

第二节　云计算

一、云计算的特性与分类

经过多年的发展，云计算已经成为目前新兴技术产业中最热门的领域之一，也成为各方媒体、企业以及高校讨论的重要主题。随着云计算产品、产业基地及政府相关扶持政策的纷纷落地，云计算作为 IT 行业的新模式已逐渐被政府、企业以及个人所熟知，并作为一种新型的服务逐渐渗透进人们的日常生活和生产工作当中。"云计算以及相关技术的兴起，是时代发展的必然选择"[①]。云计算正在深刻地改变人类生活与生产方式。

2007 年以来，云计算成为 IT 领域最令人关注的话题之一，也是当前大型企业、互联

---

①杜蕊. 云计算技术发展的现状与未来 [J]. 中国信息化，2021 (4)：43-45.

网的 IT 建设正在考虑和投入的重要领域。云计算的兴起，催生了新的技术变革和新的 IT 服务模式。

目前，无论是国外还是国内，云计算都取得了前所未有的发展势头，云计算相关产品与服务遍地开花，服务于各行各业。

云计算的核心是可以自我维护和管理的虚拟计算资源，通常是一些大型服务器集群，包括计算服务器、存储服务器和宽带资源等。云计算将计算资源集中起来，并通过专门软件实现自动管理，无须人为参与。用户可以动态申请部分资源，支持各种应用程序的运转，无须为烦琐的细节而烦恼，能够更加专注于自己的业务，有利于提高效率、降低成本和技术创新。

不同类型的云计算具有各自不同的特点，要想用一个统一的概念来概括所有种类云计算的特点是比较困难且不太实际的。只有通过描述云计算中比较典型的特点以及商业模式的特殊性才能给出一个较为全面的概念。

（一）云计算的特性

作为一种新颖的计算模式，云计算可扩展、有弹性、按需使用等特点都得到了业界和学术界的认可。

云计算具有以下十个基本特性：

第一，按需使用的自助服务。客户无须直接接触每个云计算服务的开发商，就可以单方面自主获取其所需的服务器、网络存储、计算能力等资源或根据自身情况进行组合。

第二，广泛的网络访问方式。客户可以使用移动电话、PC、平板电脑或工作站点等各种不同类型的客户端通过网络（主要是互联网）随时随地访问资源池。

第三，资源池客户无须掌握或了解所提供资源的具体位置，就可以从资源池中按需获得存储以及网络带宽等计算资源，且资源池可以实现动态扩展以及分配。

第四，快速地弹性使用。云计算所提供的计算能力可以被弹性地分配和释放，此外还可以自动地根据需求快速伸缩。换而言之，计算能力的分配常常呈现出无限的状态，并且可以在任何时间分配任何数量。

第五，可评测的服务。云计算系统可以根据存储、处理、带宽和活跃用户账号的具体情况进行自动控制，以优化资源配置，同时还可以将这些数据提供给客户，从而实现透明化的服务。

第六，将云计算与网格计算、全局计算以及互联网计算等多种计算模式相比，云计算的客户界面友好。使用云计算服务的客户无须改变原有的工作习惯和工作环境，只需要在本地安装比较小的云客户端软件即可，不会占用大量电脑空间和花费较大安装成本。云计算的界面与客户所在的地理位置无关，只要通过诸如 Web 服务框架和互联网浏览器等成熟的界面访问即可，真正实现随时随地、安全放心、快捷方便地享用云计算所提供的服务与资源。

第七，按需配置服务资源。云计算服务是根据客户需求或购买的权限提供相关资源和服务，客户可以根据自身实际的需求选择普通或个性化的计算环境，并获得管理特权。

第八，服务质量保证。云计算为客户提供的计算环境都拥有服务质量保证，客户可以放心使用，不必担心底层基础设施的建设与维护、备份与保存等。

第九，独立系统。云计算是一个独立系统，向客户实行透明化的管理模式。云中软件、硬件和数据都可自动配置、安排和强化，并以单一平台的形象呈现给客户。

第十，可扩展性和灵活性。可扩展性和灵活性是云计算最重要的特征，也是云计算区别于其他效用计算的根本特征。云计算服务可以从地理位置、硬件性能、软件配置等多个方面被扩展。云计算服务具有足够的灵活性，可以满足大量客户的不同需求。

（二）云计算的分类

云计算是一种通过网络向客户提供服务和资源的新型 IT 模式。通过这种方式，软硬资源和信息按需要弹性地提供给客户。目前，几乎所有的大型 IT 企业、互联网提供商和电信运营商都涉足云计算产业，提供相关的云计算服务。按照部署方式分类，云计算包括私有云、公有云、社区云和混合云。

1. 公有云

公有云，又称为公共云，即传统主流意义上所描述的云计算服务。"随着信息化技术及云计算技术的发展和普及，企业的传统客户关系管理和拓展方式弊端日益凸显，亟须通过信息化技术来提高效率。"[1] 目前，大多数云计算企业主打的云计算服务就是公有云服务，一般可以通过互联网接入使用。此类云一般是面向一般大众、行业组织、学术机构、政府机构等，由第三方机构负责资源调配。

（1）公有云的优势。

第一，灵活性。公有云模式下，用户几乎可以立即配置和部署新的计算资源，用户可以将精力和注意力集中于更值得关注的方面，提高整体商业价值。且在之后的运行中，用户可以更加快捷方便地根据需求变化进行计算资源组合的更改。

---

①李貌. 基于公有云的中小企业获客系统设计与实现 [J]. 信息系统工程，2021 (2)：27-29.

第二，可扩展性。当应用程序的使用或数据增长时，用户可以轻松地根据需求进行计算资源的增加。同时，很多公有云服务商提供自动扩展功能，帮助用户自动完成增添计算实例或存储。

第三，高性能，当企业中部分工作任务需要借助高性能计算（HPC）时，企业如果选择在自己的数据中心安装 HPC 系统，那将会是十分昂贵的。而公有云服务商可以轻松部署，且在其数据中心安装最新的应用与程序，为企业提供按需支付使用的服务。

第四，低成本。由于规模原因，公有云数据中心可以取得大部分企业难以企及的经济效益，公有云服务商的产品定价通常也处于一个相当低的水平。除了购买成本，通过公有云，用户同样也可以节省其他成本，如员工成本、硬件成本等。

（2）公有云的劣势。

第一，安全问题。当企业放弃他们的基础设备并将其数据和信息存储于云端时，很难保证这些数据和信息会得到足够的保护。同时，公有云庞大的规模和涵盖用户的多样性也让其成为黑客们喜欢攻击的目标。

第二，不可预测成本。按使用付费的模式其实是把双刃剑，一方面它确实降低了公有云的使用成本，但另一方面它也会带来一些难以预料的花费。

2. 私有云

私有云是指仅在一个企业或组织范围内部所使用的"云"。使用私有云可以有效地控制其安全性和服务质量等。此类云一般由该企业或第三方机构，或者双方共同运营与管理。例如，支持思爱普（SAP）服务的中化云计算和快播私有云就是国内典型的私有云服务。私有云的核心属性是专有资源。

（1）私有云的优势。

第一，安全性，通过内部的私有云，企业可以控制其中的任何设备，从而部署任何自己觉得合适的安全措施。

第二，法规遵从。在私有云模式中，企业可以确保其数据存储满足任何相关法律法规。而且，企业能够完全控制安全措施，必要的话可以将数据保留在一个特定的地理区域。

第三，定制化。内部私有云还可以让企业能够精确地选择进行自身程序应用和数据存储的硬件，不过实际上往往由服务商来提供这些服务。

（2）私有云的劣势。

第一，总体成本高。由于企业购买并管理自己的设备，因此私有云不会像公有云那样节约成本。且在私有云部署时，员工成本和资本费用依然会很高。

第二，管理复杂性。企业建立私有云时，需要自己进行私有云中的配置、部署、监控和设备保护等一系列工作。此外，企业还需要购买和运行用来管理、监控和保护云环境的软件。而在公有云中，这些事务将由服务商来解决。

第三，有限的灵活性、扩展性和实用性。私有云的灵活性不高，如果某个项目所需的资源尚不属于目前的私有云，那么获取这些资源并将其增添到云中的工作可能会花费几周期至几个月的时间。同样，当需要满足更多的需求时，扩展私有云的功能也会比较困难，而实用性则需要由基础设施管理和连续性计划及灾难恢复计划工作的成果决定。

3. 混合云

混合云就是将单个或多个私有云和单个或多个公有云结合为一体的环境。它既拥有公有云的功能，又可以满足客户基于安全和控制原因，对私有云的需求。混合云内部的各种云之间是保持相互独立的，但同样也可以实现各个云之间的数据和应用的相互交换。此类云一般由多个内外部的提供商负责管理与运营。

混合云的独特之处：混合云集成了公有云强大的计算能力和私有云的安全性等优势，让云平台中的服务通过整合变为更具备灵活性的解决方案。混合云可以同时解决公有云与私有云的不足，比如，公有云的安全和可控制问题，私有云的性价比不高、弹性扩展不足的问题等。当用户认为公有云不能够满足企业需求的时候，在公有云环境中可以构建私有云来实现混合云。

4. 社区云

社区云是面向于具有共同需求（如隐私、安全和政策等方面）的两个或多个组织内部的"云"，隶属于公有云概念范畴以内。该类云一般由参与组织或第三方组织负责运营与管理。社区云的特点主要包括：区域型和行业性；有限的特色应用；资源的高效共享；社区内成员的高度参与性。

二、云计算的商业价值及模式

（一）云计算的商业价值

云计算在短短的几年时间里逐渐被人们所接受，并得到了迅猛的发展。"金融云""农业云""物联网云"等不断涌现，企业也纷纷搭建起了云计算平台，使得云计算成为实实在在的系统，让用户体验到具体的价值。

云计算因为自身的经济模式属性，彻底改变了传统的商业模式和业务模式，同时也带来了不同以往的商业价值。

1. 云计算的个性化服务

由于规模、IT 建设水平、业务、部署应用等的差异，不同的用户对于云计算的需求也千差万别。基于这种差别，云计算服务为用户提供了不同类型的、差异化的应用和服务的组合，同时用户也可以根据自己的需求进行应用和服务的组合，实现个性化配置，而不是简单的"一刀切"。例如，国内的云海创想提供的微世界云主机服务，对于那些仅仅需要服务器和存储空间的用户，微世界提供了一系列的基础配置云主机，共有入门级、专业级、部门级和企业级四个级别可供用户选择。用户只需在微世界的网站上自主选择所需云主机的配置，无须购买硬件，自主安装各种软件后，就能配置各种应用；而对于那些需要一定应用的用户，微世界则提供了应用级云主机，在云主机内预装好了各类应用软件，用户无须再次购买、安装这些应用软件，就能享受服务。

2. 云计算的长尾效应

所谓长尾效益，是指只要产品的存储和流通的渠道足够大，冷门商品所共同占据的市场份额可以和畅销商品所占据的市场份额相匹敌甚至更大，即众多小市场汇聚可产生与主流市场相匹敌的市场能量。

从经济学的属性来看，云计算服务比传统服务具有超过若干个数量级的竞争能力。云计算平台能够以较低的管理边际成本开发新产品，推出新产品，使新业务的启动成本为零，资源不会受限于单一的产品和服务，运营商因此可以在一定投资范围内极大地丰富产品的种类，通过资源的自动调度，满足各个业务需求，尽可能地发挥长尾效益。

3. 云计算的环保优势

云计算同样还会带来环保方面的优势。虽然云计算的确需要消耗大量的资源，但是和先前的计算模式相比，在能源的使用效率方面，云计算相对高得多。所以，从长期而言，采用云计算对环境还是非常有益处的。云计算带来的环保优势主要体现在以下方面。

（1）云计算可以在不同的应用程序之间虚拟化和共享资源，以提高服务器的利用率。在云中，可以在多个操作系统和应用程序之间共享（虚拟化）服务器，从而减少服务器的数量。更少的服务器意味着更少的空间、更少的电能和更少的污染。

（2）计算资源集中化将极大提高效率。计算资源集中化，能将工作负载从低效率的企业数据中心转移到高效率的云中，并能把许多细小的工作负载整合到一起来增加计算资源的利用率。更重要的是，云计算中心能选择在最合适的地点建设。比如，将云计算中心建在电厂旁，以免去电网对电力的耗损；也能建在寒冷的北方，从而降低用于制冷的能源投入。

（3）云计算将提升能源自身运营的效率。比如，通过云计算所支撑的智能电网方案，将极大地减少电流在传输方面的损耗。因为有很多电力是在传输中被低效的电网所浪费，而不是被使用掉的。

（4）接入互联网的设备趋向低能耗化。手机、平板和笔记本等移动设备已经逐步替代高能耗的台式机成为上网的首选，而这些设备的能耗大多在传统台式机的1/10左右。

（5）通过接入互联网来进行在线通信和会议，将有效地降低人们出行的次数，从而减少在交通方面引起的污染。

网络效应、个性化服务、长尾效应、环保优势，云计算带来的不仅是 IT 基础设施使用的改变，更重要的是重塑了经济学概念，促进企业业务模式的改变，从而快速迈进服务经济时代。

（二）云计算的商业模式

云服务是基于互联网的相关服务的增加、使用和交付模式，通常涉及通过互联网来提供动态易扩展且经常是虚拟化的资源。云服务指通过网络以按需、易扩展的方式获得所需服务。这种服务可以是 IT 和软件、互联网相关，也可以是其他服务。它意味着计算能力也可作为一种商品通过互联网进行流通。如果云服务也是一种商品，也要进行流通，就说明其有特定的价值。作为一个提供云服务的企业，其商业模式就显得至关重要，因为这决定着企业的发展。在国内外，提供云服务的企业不胜枚举，每一个生存下来并发展壮大的云服务企业都有其独特的商业模式或客户群体。

通过对国内外云计算大型公司的研究，以下探讨云计算商业模式。每种云计算商业模式都有其特点和独有的方向。

1. 基础通信资源云服务的商业模式

基础通信服务商在 IDC 领域和终端软件领域具有得天独厚的优势，依托 IDC 云平台支撑，通过与平台提供商合作或独立建设 PaaS 云服务平台，为开发、测试提供应用环境。继续发挥现有服务终端软件的优势，提供 SaaS 云服务。通过 PaaS 带动 IaaS 和 SaaS 的整合，提供端到端的云计算服务。

基础通信资源云服务的商业模式采取了"三朵云"的发展思路：①构建"IT 支撑云"，满足自身在经营分析、资料备份等方面的巨大云计算需求，降低 IT 经营成本；②构建"业务云"，实现已有电信业务的云化，支撑自身的电信业务和多媒体业务发展；③开发基础设施资源，提供"公众服务云"，构建 IaaS、PaaS、SaaS 平台，为企业和个人客户提供云服务。

基础通信资源云服务商业模式的盈利手段如下。

（1）通过一次付费、包月，按需求、按年等向用户提供云计算服务。例如，CRM、ERP、杀毒等应用服务以及 IM（即时通信）、网游、搜索、地图等无线应用。

（2）通过测试环境、开发环境等平台云服务，减少云软件供应商的设备成本、维护成本、软件版权的费用，带动软件开发者开发应用，带动 SaaS 业务的发展。

（3）通过基础设备虚拟化资源租用，如存储、服务资源减少终端用户 IT 投入和维护成本。

（4）提供孵化服务、安全服务、管理服务等按服务水平级别收费的人工服务，拓宽服务的范围。

2. 软件资源云服务的商业模式

软件资源云服务商业模式是指软硬件厂商与云应用服务提供商合作提供面向企业的服务或企业个人的通用服务，使用户享受到相应的硬件、软件和维护服务，享用软件的使用权和升级服务。该合作可以是简单的集成，形成统一的渠道销售；也可以是多租户隔离的模式，即通过提供 SaaS 平台的 SDK（软件开发工具包），通过孵化的模式让软件开发商的应用程序的一个实例可以处理多个客户的要求，数据存储在共享数据库中，但每个客户只能访问到自己的信息。该业务模式主要是基于其他领域已经有很好的厂商提供服务的基础上，从终端用户的角度布局云计算产业链。

软件资源云服务的商业模式是以产品销售作为稳定的盈利来源向客户提供基于 IaaS、PaaS、SaaS 三个层面的云计算整体解决方案，提供运营托管服务。

软件资源云服务商业模式的盈利模式如下。

（1）向第三方开放环境，开发接口、SaaS 部署、运营服务和用户推广带来的收益。

（2）收取平台租用费、收入分成或者入股的方式从第三方 SaaS 开发商获得收益。

（3）提供孵化服务按照远程孵化、深度孵化进行收费。

（4）软件升级和维护提供的收益。

3. 互联网资源云服务的商业模式

互联网企业基于多元化的互联网业务，致力于创造便捷的沟通和交易渠道。互联网企业拥有大量服务器资源，确保数据安全。为了节能降耗、降低成本，互联网企业自身对云计算技术具有强烈的需求，因而互联网企业云业务的发展具有必然性。而引导用户习惯性行为的特点就要求互联网企业云服务要处于研发的最前沿。

互联网资源云服务的商业模式基于互联网企业云计算平台，联合合作伙伴整合更多一站式服务，推动传统软件销售向软件服务业务转型，帮助合作伙伴从传统模式转向云计算模式。针对用户和客户需求开发针对性云服务产品。

互联网资源云服务商业模式的盈利模式如下。

（1）租赁服务，按时间租赁服务器计算资源的使用来收费。

（2）工具租用服务，开发一些平台衍生工具（定制服务），如远程管理、远程办公、协同科研等私有云的工具，也可以向客户提供工具的租用来收费。

（3）提供定制型服务，为各类用户提供各种定制型服务，按需收费。

（4）存储资源云服务商业模式。

云存储将大量不同类型的存储设备通过软件集合起来协同工作，共同对外提供数据存储服务。云存储服务对传统存储技术在数据安全性、可靠性、易管理性等方面提出新的挑战。云存储不仅仅是一个硬件，还是一个网络设备、存储设备、服务器、应用软件、公用访问接口、接入网和客户端程序等多个部分组成的系统。

互联网资源云服务的商业模式以免费模式、免费+收费结合模式、附加服务模式为云存储商业模式的主流模式，通过这三种模式向用户提供云服务存储业务。而业务模式的趋同目前已成为云存储服务亟待解决的重要问题之一。

存储资源云服务商业模式的盈利模式，主要包括：①对于普通用户，基础功能免费，增值功能收费（以国外居多数），也就是基础免费加扩容收费。②提供文件恢复、文件备份、云端分享等服务进行收费。③个人免费，企业收费（部分存储公司）。

4. 即时通信云服务的商业模式

即时通信软件发展至今，在互联网中已经发挥着重要的作用，它使人们的交流更加密切、方便。使用者可以通过安装即时通信的终端机进行两人或多人之间的实时沟通。交流内容包括文字、界面、语音、视频及文件互发等。

目前，即时通信云服务提供商分为两种：一种通过提供简单的应用程序编程接口（API）调用就能零门槛获得成熟的运营级移动即时通信系统（IM）技术；另一种则提供成熟的即时通信工具，由服务企业来整合云功能。即时通信的云服务基于云端技术，保证系统弹性计算能力，可根据开发者需求随时自动完成扩容。其具有独特的融合架构设计，提供快速开发能力，不需要 API 改变原有系统结构，不需要用户信息和好友关系，进一步降低接入门槛，直接提供面向场景的解决方案，如客服平台。即时通信云服务拥有高度可定制的界面结构和扩展能力，如界面、各种入口、行为、消息内容、消息展现方式、表情体系均可自定义。

即时通信云服务的商业模式分为免费和收费两种模式，收费模式是目前即时通信云服务的主要方式，而免费则是大势所趋。

即时通信云服务商业模式的盈利模式如下。

（1）按用户数量级别收费，超过既定数量级按阶梯收费。

（2）按日活用户数收费，超过既定数量级按阶梯收费。

（3）按用户离线存储空间收费。

（4）对于提供成熟即时通信工具的用户来说，则以即时通信为端口推送其他业务进行收费。

5. 安全云服务的商业模式

安全云服务是网络时代信息安全的最新体现，它融合了并行处理、网络计算、未知病毒行为判断等新兴技术和概念，通过网状的大量客户端对网络中软件行为的异常监测，获取互联网中木马、恶意程序的最新信息，传送到服务器端进行自动分析和处理，再把病毒和木马的解决方案分发到每一个客户端。病毒特征库来自云，只要把云安全集成到杀毒软件中，并充分利用云中的病毒特征库，可以达到及时更新、及时杀毒，保障了每个用户使用计算设备的信息安全。

安全云服务的商业模式为，云安全防病毒模式中免费的网络应用和终端客户组成的庞大防病毒网络。通过"免费"的商业模式吸引用户，在提供个性化的服务、功能和诸多应用后实现公司的盈利。防病毒应用可与网络建设运营商、网络应用提供商等加强合作，建立可持续竞争优势联盟，可以最大限度地降低病毒、木马、流氓软件等网络威胁对信息安全造成的危害。

安全云服务商业模式的盈利模式如下。

（1）强化安全概念，以免费杀毒扩展其他集成云软件获得收益。

（2）安全软件全套服务获得收益。

第三节 人工智能

一、人工智能概念

近年来，人工智能发展迅速，已经成为科技界和大众都十分关注的一个热点领域。尽管目前人工智能在发展过程中还面临着很多困难和挑战，但人工智能已经创造出了许多智能产品，并将在越来越多的领域制造出更多甚至是超过人类智能的产品，为改善人类的生活做出更大贡献。

智能是指学习、理解并用逻辑方法思考事物，以及应对新的或者困难环境的能力。智能的要素包括：适应环境，适应偶然性事件，能分辨模糊的或矛盾的信息，在孤立的情况中找出相似性，产生新概念和新思想。

自然智能是指人类和一些动物所具有的智力和行为能力。人类智能是人类所具有的以知识为基础的智力和行为能力，表现为有目的的行为、合理的思维，以及有效地适应环境的综合性能力。智力是获取知识并运用知识求解问题的能力，能力则指完成一项目标或者任务所体现出来的素质。

人工智能是相对于人的自然智能而言的，从广义上解释就是"人造智能"，指用人工的方法和技术在计算机上实现智能，以模拟、延伸和扩展人类的智能。由于人工智能是在机器上实现的，所以又称机器智能。人工智能包括有规律的智能行为。有规律的智能行为是计算机能解决的，而无规律的智能行为，如洞察力、创造力，计算机目前还不能完全解决。

二、人工智能关键技术多元化发展

（一）机器学习算法奠定人工智能技术核心逻辑

机器学习是人工智能的核心，主要帮助计算机模拟或实现人类的学习行为，获取新技能，重新组织知识结构改善性能，是计算机走向智能化的根本途径，也是深度学习的基础。目前，机器学习算法已经有很多广泛的应用，比如，电商平台的数据挖掘与分析、生物特征识别、搜索引擎、医学诊断、智能反欺诈、证券市场分析等领域。一是机器学习算法可以实现基于交互的深度用户理解，在电商平台的应用较为普遍。机器学习技术通过将用户交互信息（点击、购买、浏览、搜索、加入购物车、下单等）在时间轴上展开，利用Transformer（一种深度学习模型）机制，通过用户历史交互信息，预测未来的交互，生成高维交互用户嵌入。二是深度学习作为机器学习中一种基于对数据表征学习的有效方法，具有出色的处理复杂任务的能力，可以推动自主无人系统技术落地，使无人货运、无人机以及医疗机器人等得到长足发展。三是机器学习技术也广泛应用到户外广告的营销数字化建设中，通过搭建楼宇数字媒体平台，让户外广告投放实现内容的线上审核与监测，并且将边缘计算能力和人机互动人工智能算法内置到数字化广告智能屏幕设备中，让线下广告的展现形式不再单一，大幅提升广告的曝光量和转化率。

（二）海量数据是产业人工智能不可或缺的支撑要素

作为人工智能技术底层逻辑中不可或缺的支撑要素，海量数据是人工智能算法在各行各业多场景应用的关键燃料。互联网浪潮下，全球海量数据爆发式增长，使人工智能数据处理更加高效。从车辆自动化驾驶到人工智能聊天机器人，从医学成像与诊断到农作物监测，通过基础数据服务对数据的采集、清洗、信息抽取和标注等预处理手段，人工智能拥有了高质量的海量数据进行深度学习。数据量越大、越精准，人工智能算法训练后获得的模型就越智能化。

（三）计算机视觉技术赋予机器感知能力

计算机视觉技术是利用计算机替代人类视觉，开展信息提取、处理、理解，以及分析图像和图像序列的能力。其中，人脸识别技术的应用最为广泛，应用场景主要集中在工业生产、智能家居、智能安防、虚拟现实技术、电商搜图购物、美颜特效等领域。人脸识别技术可以通过多场景、多任务、标准化人脸图像输入，实现参数共享，有助于解决不同场景重复 ID 的问题，提高模型更新迭代效率。同时，通过搭建"多场景联合训练+跨场景对抗训练"的人脸识别训练框架，在只有少量标注数据的情况下，可以训练出高准确率、跨场景识别的人脸识别模型。

人脸防伪在工业界 3D 技术日益成熟的背景下，也在金融风险控制场景中起到重要作用。基于互联网行业大量的数据积累和训练，目前的人脸防伪技术可以通过多模态人脸防伪的数据集，有效抵御 3D 打印、视频、图片、面具、头套等各种人脸攻击，准确率达到金融级别的安全标准，作为金融科技的重要组成部分，在金融业得到了广泛的推广应用。

（四）自然语言处理实现高效人机交互

自然语言处理（NLP）技术是一门集语言学、计算机科学、数学于一体的科学，主要研究实现人与计算机之间的自然语言交流与信息交换的技术和方法。实现人机交互，是人工智能、计算机科学和语言学等领域共同关注的重要问题。目前，自然语言处理技术在机器翻译、文本分类与校对、信息抽取、语音合成与识别等领域已经取得一定成效。在国内，人工智能合成语音机器人正成为营销机器人场景落地的重要契机，主要利用端对端语音合成、视频生成、人脸 3D 建模及微表情控制等人工智能虚拟数字人技术，通过获取目标人物少量的视频、音频素材，合成该人物逼真生动的讲话视频，打造大批量、低成本、定制化视频制作的全新模式。这种真人讲解短视频的形式，也进一步丰富了金融零售领域优质内容的呈现方式，触达有不同浏览习惯的新用户群体。同时，语音识别与人机交互技术也成为我国人工智能技术出海的重要领域。以快速增长的东南亚市场为例，泰语语音识别技术在智能客服场景中的应用也有了较大突破。利用端对端语音识别模型，能够快速精准地识别用户口语化、地方化的泰语语音，在泰语电话客服中的识别率可达到 85% 以上，智能客服机器人和外呼机器人在金融、物流等领域的广泛应用，可以有效提升泰国金融、物流行业的智能化水平。

命题文本合成被认为是自然语言处理领域最难的一个技术课题，短文合成机器人的问世恰恰解决了这一难题。该项技术的关键在于大规模语料训练出基础的 Transformer 深度模型，以及全局和局部条件控制，以保证文章的整体逻辑线以及生成的文本语法通顺。目前，借助短文合成机器人，已可以生成各种类型的命题文章，只需给定文章主题、题目和一些关键词，就可以生成紧扣文章主题、符合人类写作逻辑的文章，包括商品带货文章、资管日报、股市评论、新闻报道，未来有望发展成营销文章的智能写作助手。

（五）人工智能开放平台贯通技术开源产业链

人工智能的发展离不开开放的生态。近年来，受益于大量的搜索数据、丰富的产品线以及广泛的行业市场优势，国内外的科技巨头开始加快布局人工智能开放平台，打造开源的人工智能工具。人工智能开放平台通过聚合人工智能研发企业，以及行业整体方案交付企业，帮助人工智能应用层面的创业者突破技术壁垒，将人工智能技术直接应用于终端产品研发，大大降低了人工智能的技术门槛，让创业者都享受到人工智能技术进步所带来的红利，也有助于连接各行各业的产学研机构，构筑完整的产业生态，大幅提升产业数字化进程中的生产效率，加速推动人工智能产业化进程。目前，我国涌现出一批人工智能开放创新平台，覆盖自动驾驶、城市大脑、医疗影像、智能语音、智能视觉、智能教育、智能零售等众多实体产业应用场景。

第四节 区块链

一、区块链的基础认知

尽管区块链的发展历史较为短暂，但是却像狂风一般席卷全球，备受科技界尤其是金融界的关注。区块链凭借其安全性，可以帮助公司或者政府部门建立更加值得信赖的网络，可以让用户更加放心地分享信息和价值。目前，区块链的应用已延伸到物联网、智能制造、供应链管理、数字资产交易等多个领域。可以预见，未来区块链可以得到更广泛的应用。

（一）区块链的定义

广义来讲，区块链技术是利用块链式数据结构来验证与存储数据、利用分布式节点共识算法来生成和更新数据、利用密码学的方式保证数据传输和访问的安全、利用由自动化脚本代码组成的智能合约来编程和操作数据的一种全新的分布式基础架构与计算方式。狭义来讲，区块链是一种按照时间顺序将数据区块以顺序相连的方式组合成的一种链式数据结构，并以密码学方式保证的不可篡改和不可伪造的分布式账本。

区块链实质上是由多方参与共同维护的一个持续增长的分布式数据库，是一种分布式共享账本。区块链通过智能合约维护着一条不停增长的有序的数据链，让参与的系统中任意多个节点，通过密码学算法把一段时间系统内的全部信息交流数据计算和记录到一个数据块中，并且生成该数据块的指纹用于链接下一个数据块和校验，系统中所有的参与节点共同认定记录是否为真，从而保证区块内的信息无法伪造和更改。其核心也就在于通过分布式网络、时序不可篡改的密码学账本及分布式共识机制建立交易双方之间的信任关系，利用由自动化脚本组成的智能合约来编程和操作数据，最终实现由信息互联向价值互联的进化。

（二）区块链的特点

区块链作为一个可以引领信任的机器，能够通过运用哈希算法、数字签名、时间戳、分布式共识和经济激励等手段，在节点无须互相信任的分布式系统中建立信用，实现点对点交易和协作，从而为中心化机构普遍存在的高成本、低效率和数据存储不安全等问题提供了解决方案。

近年来，伴随着国内外研究机构对区块链技术的研究与应用，区块链的应用前景受到各行各业的高度重视，被认为是继大型机、个人电脑、互联网、移动社交网络之后计算范式的第五次颠覆式创新，是人类信用进化史上继血亲信用、贵金属信用、央行纸币信用之后的第四个里程碑。它被视为下一代云计算的雏形，有望彻底重塑人类社会活动形态，并实现从现在的信息互联网到价值互联网的转变。

区块链技术具有分布式、去中心化、可靠数据库、开源可编程、集体维护、安全可信、交易准匿名等诸多特点，可由这些方式加以定义：①一个分布式的链接账本，每个账本就是一个区块。②基于分布式的共识算法来决定记账者。③账本内交易由密码学签名和哈希算法保证不可篡改。④账本按产生时间顺序链接，当前账本含有上一个账本的哈希值，账本间的链接保证不可篡改。⑤所有交易在账本中可追溯。

第一，分布式（去中心化）结构。区块链数据的存储、传输、验证等过程均基于分布式的系统结构，与传统集中记账方式不同，整个网络不依赖一个中心化的硬件或管理机构。区块链的账本不是存储于某一个数据库中心，也不需要第三方权威机构来负责记录和管理，而是分散在网络中的每一个节点上，每个节点都有一个该账本的副本，全部节点的账本同步更新。作为区块链的一种部署模式，公有链中所有参与节点的权利和义务都是均等的，系统中的数据块由整个系统中具有维护功能的节点来共同维护，任一节点停止工作都不会影响系统整体的运作。

第二，集体维护。区块链系统的数据库采用分布式存储，任一参与节点都可以拥有一份完整的数据库拷贝，任一节点的损坏或失去都不会影响整个系统的运作，整个数据库由所有具有记账功能的节点来共同维护。一旦信息经过验证并添加至区块链，就会永久地存储起来，除非能够同时控制住系统中超过51%的节点，否则单个节点上对数据的修改是无效的。参与系统的节点越多，数据库的安全性就越高。

第三，时序不可篡改。区块链采用了带有时间戳的链式区块结构存储数据，从而为数据添加了时间维度，具有极强的可追溯性和可验证性；同时又通过密码学算法和共识机制保证了区块链的不可篡改性，进一步提高了区块链的数据稳定性和可靠性。

第四，开源可编程。区块链系统通常是开源的，代码高度透明公共链的数据和程序对所有人公开，任何人都可以通过接口查询系统中的数据。区块链平台还提供灵活的脚本代码系统，支持用户创建高级的智能合约、货币和去中心化应用。例如，以太坊平台提供了图灵完备的脚本语言，供用户来构建任何可以精确定义的智能合约或交易类型。

第五，安全可信。区块链技术采用非对称密码学原理对交易进行签名，使得交易不能被伪造；同时利用哈希算法保证交易数据不能被轻易篡改，借助分布式系统各节点的工作量证明等共识算法形成强大的算力来抵御破坏者的攻击，保证区块链中的区块以及区块内的交易数据不可篡改和不可伪造，因此具有极高的安全性。通过数学原理和程序算法，确保系统运作规则公开透明，实现交易双方在不需要借助第三方权威机构信用背书下通过达成共识，能够在去信任的环境自由安全地交换数据，使得对人的信任改成了对机器的信任，任何人为的干预不起作用。

第六，开放性。区块链是一个开放的、信息高度透明的系统，任何人都可以加入区块链，除了交易各方的私有信息被加密外，所有数据对其上每个节点都公开透明，每个节点都可以看到最新的完整的账本，也能查询到账本上每一次交易。

第七，准匿名性。由于节点之间的交换遵循固定的算法，其数据交互是无须信任的（区块链中的程序规则会自行判断活动是否有效），因此交易对手无须通过公开身份的方式让对方对自己产生信任，对信用的累积非常有帮助。区块链系统采用与用户公钥挂钩的地址来做用户标识，不需要传统的基于 PKI 的第三方认证中心（CA）颁发数字证书来确认身份。通过在全网节点运行共识算法，建立网络中诚实节点对全网状态的共识，间接地建立了节点间的信任。用户只需要公开地址，不需要公开真实身份，而且同一个用户可以不断变换地址。因此，在区块链上的交易不和用户真实身份挂钩，只是和用户的地址挂钩，具有交易的准匿名性。

正是因为有以上特点，区块链才不同于传统集中记账方式，并将得到金融领域更大的关注，甚至引起了各个领域的相关机构和行业的浓厚兴趣。

（三）区块链的类型

为了适应不同的应用场景和需求，区块链根据准入机制可以分为：公有链、联盟链和私有链三种基本类型。在实际应用中单一的某种区块链常常无法满足用户需求，就出现了多种类型的结合，比如私有链+联盟链、联盟链+公有链等不同组合形式。从链与链的关系来分，可以分为主链和侧链。此外，不同区块链还可以形成网络，网络中链与链的互联互通，产生互联链的概念。

1. 公有链

公有链是指像比特币系统这样的，完全的分布式（去中心化）、不受任何机构控制的区块链。全世界任何人都可以在任何时候加入、任意读取数据，任何人都能发送交易且交易能获得有效确认，任何人都能参与其中共识过程的区块链——共识过程决定哪个区块可被添加到区块链中和明确当前状态。公有区块链是最早的区块链，也是应用最广泛的区块链，各大虚拟数字货币均基于公有区块链，世界上有且仅有一条该币种对应的区块链。作为中心化或者准中心化信任的替代物，公有链的安全由共识机制来维护——共识机制可以采取 POW 或 POS 等方式，将经济奖励和加密算法验证结合起来，并遵循着一般原则：每个人从中可获得的经济奖励与对共识过程做出的贡献成正比。这些区块链通常被认为是完全去中心化的。共有链通常也称为非许可链。公有链一般适合于虚拟货币、面向大宗的电子商务、互联网金融等 B2C、C2C 或 C2B 等应用场景。

在公有链中，程序开发者无权干涉用户，所以区块链可以保护使用他们开发的程序的用户。公有链的特点就是完全公开，公有链中每个参与者都有权力访问分布式账本中的每一条记录；不受任何组织机构监控监管，程序开发组织和人员无权干涉用户，区块链可以保护其用户；公有链依靠加密技术来保证其安全。

2. 私有链

与公有链的完全去中心化不同的是，私有链存在着一个中心化控制区块链。私有链的写入权限由某个组织和机构控制。读取权限或者对外开放，或者被进行了任意程度的限制。相关的应用可以包括数据库管理、审计甚至是一个公司，尽管在有些情况下希望它能有公共的可审计性，但在很多情形下，公共的可读性似乎并非必需的。保守的巨头（传统金融）都是想实验尝试私有区块链，而公有链的应用已经工业化，私有链的应用产品还在摸索当中。

大多数人一开始很难理解私有链存在的必要性，认为其和中心化数据库没有太大的区别，甚至还不如中心化数据库的效率高。事实上，中心化和去中心化永远是相对的，私有链可以看作一个小范围系统内部的公有链，如果从系统外部来观察，可能觉得这个系统还是中心化的，但是以系统内部每一个节点的眼光来看，其实当中每个节点都是去中心化的。而对于公有链，从某种程度来看也可以看作地球上的私有链，只有地球人的电脑系统才可以接入。因此，私有链完全是有其存在价值的。私有链的巨大优势就是，由于对 P2P 这样的网络系统而言，系统内部的处理速度往往取决于最弱的节点，而私有链所有的节点和网络环境都是完全可以控制的，因此能够确保私有链在处理速度方面远远优于公有链。

私有链和公有链另外一个巨大的区别就是，一般公有链肯定在内部会有某种代币，而私有链却是可以选择没有代币的设计方案。对于公有链而言，如果要让每个节点参与竞争记账，必定需要设计一种奖励制度，鼓励那些遵守规则参与记账的节点，而这种奖励往往就是依靠代币系统来实现的。但是对于私有链而言，基本上都是属于某个机构内部的节点，参与进行记账本身可能就是该组织或者机构上级的要求，是工作的一部分，因此并不是一定需要通过代币奖励机制来激励每个节点进行记账。所以，我们也可以发现，代币系统并不是每个区块链必然需要的。考虑到处理速度及账本访问的私密性和安全性，私有链可能更适合商业应用，越来越多的企业在选择区块链方案时，也会更多地倾向于选择私有链技术。

3. 联盟链

联盟链是指其共识过程受到预选节点控制的区块链，由某个群体内部指定多个预选的节点为记账人，每个区块的生成由所有的预选节点共同决定（预选节点参与共识过程），其他接入节点可以参与交易，但不过问记账过程（本质上还是托管记账，只是变成分布式记账，预选节点的多少，如何决定每个块的记账者成为该区块链的主要风险点），其他任何人可以通过该区块链开放的 API 进行限定查询。这些区块链可视为部分去中心化。比如 R3CEV 就是一个典型的联盟链系统。

　　联盟链仅限于联盟成员参与，区块链上的读写权限、参与记账权限按联盟规则来制定。由多家银行参与的区块链联盟 R3 和 Linux 基金会支持的超级账本项目都属于联盟链架构。联盟链是一种需要注册许可的区块链，其共识过程由预先选好的节点控制。一般来说，它适合于机构间的交易、结算或清算等 B2B 场景。例如，在银行间进行支付、结算、清算的系统就可以采用联盟链的形式，将各家银行的网关节点作为记账节点，当网络上有超过 2/3 的节点确认一个区块，该区块记录的交易将得到全网确认。联盟链可以根据应用场景来决定对公众的开放程度。由于参与共识的节点比较少，联盟链一般不采用工作量证明的挖矿机制，而是多采用权益证明或实用拜占庭容错算法（PBFT）、RAFT 等共识算法。联盟链对交易的确认时间、每秒交易数都与公共链有较大的区别，对安全和性能的要求也比公共链高。

　　联盟链网络由成员机构共同维护，网络接入一般通过成员机构的网关节点接入。联盟链平台应提供成员管理、认证、授权、监控、审计等安全管理功能。如 2015 年成立的 R3 联盟，旨在建立银行同业的一个联盟链，目前已经吸引了 40 多个成员，包括世界著名的银行（如摩根大通、高盛、瑞信、巴克莱、汇丰等），IT 巨头（如 IBM、微软）。

　　联盟链的特点是，其可以做到很好的节点间的连接，只需要极少的成本就能维持运行，提供迅速的交易处理和低廉的交易费用，有很好的扩展性（但是扩展性随着节点增加又会下降），数据可以有一定的隐私。当然缺点也很明显，联盟链也意味着这个区块链的应用范围不会太广，缺少比特币的网络传播效应，而且联盟链容易造成权力集中。由于节点少，并且需要预选节点进行记账，不能完全解决信任问题，一旦运用不当则容易造成权力集中，甚至引发安全问题。

　　上述私有链和联盟链这类每个节点都需要许可才能加入的区块链系统也称为许可链。

　　4. 混合链与复杂链

　　随着区块链技术变得越来越复杂，区块链的技术架构开始不仅仅简单地分为公有链、私有链等架构，而是这之间的界限逐渐开始模糊。在区块链的系统中，不再是所有节点都有着简单的一模一样的权限，而是开始有不同的分工。有些节点可能只能查看部分区块链数据，有些节点能够下载完整的区块链数据，有些节点负责参与记账。而随着系统日益复杂，其中不同的角色，以及不同的权限等级会变得更多。其实我们在授权股份证明（DelegatedProofofStake，DPoS）这样的共识机制中，已经能够看到这种趋势开始出现，并不是每个节点都参与记账，而是获得投票数量最多的受托人（Delegated）才开始进行记账，这样的受托人就是典型的角色划分。如果今后央行采用区块链技术发行人民币，肯定会选择类似于混合链这样的技术。

5. 侧链

侧链协议本质上是一种跨区块链解决方案。通过这种解决方案，可以实现数字资产从第一个区块链到第二个区块链的转移，又可以在稍后的时间点从第二个区块链安全返回到第一个区块链。其中第一个区块链通常被称为主区块链或者主链，其他区块链则被称为侧链。最初，主链通常指的是比特币区块链，而现在主链可以是任何区块链。侧链协议被设想为一种允许数字资产在主链与侧链之间进行转移的方式，这种技术为开发区块链技术的新型应用和实验打开了一扇大门。严格来说侧链不是区块链的一种类型，它只是在现实应用中，开发者对区块链的一种延伸（扩展），而特别取了个绰号。

6. 互联链

互联链是各种不同的区块链之间的互联互通所形成的一个更大的生态区块链，作为一个全新的概念，目前还没有被普遍接受，因此相关的架构设计和标准化工作也没有开始。针对特定领域的应用可能会形成各种垂直领域的区块链，这些区块链会有互联互通的需求，也会通过某种互联互通协议连接起来。与互联网一样，这种区块链上的互联互通就构成互联链，形成区块链全球网络。比如，现在的支付系统很多是竖井型，互不连接。如果在同一个国家、同一家银行或者支付网络，支付还相对容易，但是如果用户尝试在不同支付网络间支付，就没有那么容易了。比如，从支付宝余额转钱到微信钱包余额里，虽然两者可以通过银行连接，但是这些连接都需要人工干预，交易的确认缓慢。就像互联网的出现是为了解决不同电脑之间信息联通一样，互联链的出现就是提供实现不同区块链互联互通的统一架构和标准协议。

可以预见，随着区块链技术的充分发展和在各领域的广泛应用，未来将会形成一个巨大的互联链。如电商平台公有链+物流公有链+物流联盟链+银行联盟链等，它们之间的相互协作、通信、共识，就是一个典型的互联链。

二、区块链监管

（一）区块链监管的必要性

区块链是一项全新的信息技术，将影响甚至颠覆很多产业业态、商业模式以及管理制度，推动信息互联网升级成价值互联网。近年来，区块链在全球风起云涌，许多国家和机构对其产生了浓厚的兴趣。不过，不同于传统互联网以及其他信息技术，比特币及其所依托的底层技术区块链在产生伊始就自带金融风险。从底层技术或商用价值来看，区块链技术并非完全中立的，抑或在区块链技术中，存在较为典型的价值观偏向。在价值观偏向的指引下，区块链在应用场景中多为金融等领域，具体包括：数字货币、众筹、清算、结算与审计、智能合约、版权与许可、公证与记录等。如今，区块链已成为金融科技发展最重要的一种信息技术。金融服务是区块链最早的应用领域，也是区块链应用项目数量最多、应用程度最深的领域。区块链一方面给众多行业领域带来颠覆性的变化；另一方面，伴随其产生的虚拟货币交易首次代币发行（ICO），新型金融活动也孕育了巨大的金融风险。区块链在银行、支付、票据、证券、保险和会计审计等金融相关领域运用广泛，因此有必要对区块链技术及应用进行适当的监管。

第一，保护投资者的需要。对任何安全代币发行进行监管就是对投资者的保护。安全代币的监管及认证标准建立，确实在一定程度上保护了缺乏经验的投资者，但这也为相关项目发展带来了系列问题。例如，ICO 证券发行严格监管限制了谁可以投资未经注册的证券发行，这样一来大大减少了潜在投资者的数量，并让融资变得更加困难。2017 年底的 ICO 热潮说明了为什么要制定投资者保护法。投资者可以向任何人宣传是因为 ICO 的运作不受证券法约束。但不幸的是，这些公司中有许多都是推销，并没有实际的计划或落地的产品。这些投资者已经被抛弃在尘土中，因为现存的"投资"有许多已经一文不值，投资者根本无法追索他们的损失。要想让完全欺诈的 ICO 变少，只有 ICO 受到更严格的监管审查，对行业内猖獗的欺诈行为进行严格治理，才能建立更加规范、健康的区块链生态系统。

第二，维护全行业合法性的需要。加密货币通常被称为"狂野的两部"。尽管这可能是一种不公平的描述，但正是因为这种不公平的描述，使得该行业的风险远高于传统资本市场。这确实为投资者和企业家创造了一个行动更快、更容易进入的市场，但其中涉及的风险使得最大的参与者——机构投资者不愿冒险进入这个市场。加密货币投资者的一个共同希望是一旦机构投资者对加密技术的投资感到满意，需求就会飙升，价格自然就会上涨。

机构认为尽管加密货币社区对监管机构持谨慎态度，但加强监管是积极和必要的一步。只有加强监管，它们才能开始认真进行加密货币投资。个人可以自行决定与加密货币相关的损失风险是否值得。但是，基于此金融机构不仅面临着财务损失的风险，而且还面临着由于信义滥用而产生进一步后果的风险，包括财务处罚和名誉损害。就目前而言，机构性加密货币投资的风险大于回报。因此要不断增加监管，降低区块链投资风险，由此来增加机构投资。

第三，保证高质量代币发行的需要。加强监管将提高代币性发行的整体质量。发行方必须遵守证券法，由此提高进入代币融资市场的门槛，并严格审查代币发行。一个困难且受到高度审查的代币发行过程将阻止欺诈或阻止考虑不周的项目持有 ICO，从而使安全代币发行的质量比过去看到的 ICO 要高。

（二）区块链的监管方式

区块链的快速发展催生了许多新的业态与模式，同时了也带来新的金融风险与监管难题，为应对这些难题，不同的监管尝试已经在各个国家展开了。目前，最具有代表性的三类监管方式，分别是沙箱制度、按项目属性分类监管以及行业准入资质管理。

1. 监管沙箱制度

较早实行监管沙箱制度的是英国、澳大利亚、新加坡三个国家，这三个国家的监管沙箱在具体应用时又有其独有的特点。整体来说，监管沙箱一方面可以为新的金融产品效果提供测试功能；另一方面也能测试其可能产生的各种金融风险，从而为消费者提供保护机制及激励机制，具体包含申请、评估和测试三大流程。企业要在监管沙箱制度下申请沙箱，然后通过评估后再进入监管沙箱测试，即在市场隔离允许的条件下小范围进行消费推广。但是，通过测试产品或服务并不意味着就可以直接推进市场，企业仍然需要获得监管许可并且符合诸多监管标准，才有可能全面推广其产品或服务。

其中，监管沙箱最早被提出是在 2016 年的英国金融行为监管局（FCA），该局设想拟在保障消费者权益的前提下，并且在一定的范围内简化市场准入标准和流程，允许金融机构、科技企业及服务业务快速落地运营，并根据测试情况决定是否准予推广。监管沙箱这一制度的建立一开始是针对其他金融创新业务的，不仅仅是区块链。因为其能够降低创新测试门槛，并且确保创新测试带来的风险不从企业传导至消费者，这一功能特别适用于对区块链的监管，因此也得到各国政府监管部门的认同与接受。自英国之后，新加坡和澳大利亚也纷纷开展监管沙箱模式，目前，中国、日本、韩国等国也开始部署自己的监管沙箱，对新区块链项目进行测试。从隔离测试的程度来说，英国沙箱的测试利于消费者的保护原因是周期可以长达 3—6 个月。英国 FCA 明确要求，要想进入沙箱的企业必须对客户履行信息披露义务，并保证消费者享有服务补偿计划（FSCS）和金融申诉服务（FOS）的保护。在申请阶段，企业还需要向 FCA 证明其拥有客户偿付的资金实力。

各国沙箱的相同之处在于监管主体都是当地金融监督管理部门，主要都是在开展工作之前先依照金融产品和服务测试的标准。但不同之处在于各国在各操作流程的监管强度不一。最宽松和灵活的模式出现在澳大利亚，其整个流程周期也最短，申请者在以书面进行项目说明后信息会在 ASIC 网站上公示，并由 ASIC 书面通知测试开始的日期。在发送通知 14 天后，企业就可以开始测试，企业只需要在测试结束后提交报告并被 ASIC 确认可行就可以推广。相对而言，沙箱审核周期介于英国和澳大利亚之间的新加坡，对企业的测试期也有时间要求。

2. 行业准入资质管理

行业准入资质管理是指某种加密货币项目在进入市场进行流通之前要满足其监管部门规定的准入门槛并获得经营资格。特别是确定了分类管理适用的监管框架后，就可以开展信息披露、注册批准监管，从而保护市场各方参与者权益。行业准入资质管理制度在美国、日本等监管较为严格的国家运用得比较普遍。

美国对区块链的监管经历了由宽松向严格的转变过程，其显著性的标志就是提高了区块链项目的市场准入资格。区块链项目发行上市之前要经过 SEC 的豪威测试（Howey test）测试，如果测试其为证券型代币，则必须在 SEC 进行注册并接受其严格监督。区块链项目所涉及的筹资形式、竞价形式及交易退出机制均须满足相关规定。此外，美国商品期货交易所委员会（CFTC）成立了数字货币和区块链两个子委员会，也对加密货币衍生品上市提出了监管要求。2018 年，纽约金融服务局（NYSDFS）出台了 BitLicense[①] 监管法案，成为美国首个针对以比特币为代表的虚拟货币监管法规。在实施这些政策之后，许多不合规的交易所和欺诈性的项目都因为不符合监管部门的要求而被强制下架了。

日本国会的《资金结算法》修正案也限定了严格的市场准入条件。修正案规定，任何主体在未经监管当局注册登记的情况下不得开展加密货币交易服务，否则将受到罚金或有期徒刑的刑事处罚。在申请人出现法定的不适当事由时，管理机关应当驳回登记申请。根据修正案和支持性法律拒绝注册的原因包括：未达到审慎要求，要求资本金不低于 1000万日元，净资产不低于负值，提交的信息形式不当，主体资格不适当，内部制度不健全，无法实现合规等。

一般来说，行业准入资质管理比监管沙箱更严格，因为采用准入资质管理的国家都通过立法明确规定了虚拟货币发行主体的业务范围和经营资格，这有利于建立良好的行业生态，因此对于监管较薄弱同时市场发展迅猛，产品创新迅速的国家，特别适用此监管制度。

从实际应用来看，行业监管在相应的阶段会进行动态调整。以新加坡货币管理局为例，值得我们借鉴的是其在动态监管上的经验，新加坡货币管理局监管政策的发展经历了初期试水、正式出台和全面认识三个阶段。在初步测试阶段，新加坡金融管理局（MAS）

---

①BitLicense 是纽约州金融服务部（NYSDFS）根据为公司设计的法规颁发的用于虚拟货币活动的营业执照的一类通用术语。这些规定仅限于涉及纽约或纽约居民的活动。

借鉴了英国的监管沙箱系统，大力支持金融创新，为区块链企业提供了创新空间。在正式公告阶段，有关部门根据相关规定，要求申请人取得相应的许可证，并符合要求。在全面理解阶段，只有证券货币受到监管，功能性加密货币才能得到放行。

3. 按项目属性进行分类监管

分类监管是指将不同类型的区块链应用，根据其不同的业务属性，厘清其金融业务的本质，针对性地建立差别化的监督体系。瑞士、新加坡和美国都建立了分类监管的制度，构建了有层次的区块链监管环境。

区块链监管的核心是代币的监管，参照瑞士、新加坡的管理划分原则，具体来说，代币可以分为三类，即支付型代币、应用型代币和证券型代币。支付型代币是指该代币也可以用于获取货物或服务的支付，或者用于货币、价值的等价转移。显然，这类代币需要接受《反洗钱法》的监督。应用型代币也称为实用类型代币，是指用于执行特定任务或访问的功能性代币，通过使用应用型代币，我们可以在特定平台上来处理特定服务的需求。例如，以太币使其拥有者能够在以太坊区块链上编写和运行智能合约。一般这类代币不构成投资行为，不需要特别的监管。证券型代币也是资产类代币，代表了某类资产的债权或股权，可以用于支付股息、分享利润或投资其他资产，因此受《证券法》的严格监管。

虽然多国都采用了分类监管，但是各国监管态度在代币的具体管理上又略有不同。其中分类监管最清晰明了的国家是瑞士。瑞士除了对代币分类有明确的定义之外，在其金融市场监督管理局（FINMA）发布的ICO指导文件，还特地基于分类定义规定了各类别代币的监管要求。并且特别说明虽然划分了三种类型，但也可能存在混合形式的代币。最为灵活的国家则属新加坡，官方表示目前还没有证券型的代币出现，因此无须进行监管。美国则主要侧重于测试证券型代币，一旦加密货币构成证券法所规定的产品，则数字代币的发售或发行必须遵守所适用的证券法，并依法完成信息披露、注册和获得监管方许可的义务。

（三）区块链的监管形态——服从中央+地方竞争

在"币链分离式"的监管原则的指导下，地方政府有针对性地进行规划指导和财政补贴。全国多个省市已经出台了区块链发展相关的指导政策。其中，北京计划成立中关村区块链联盟，上海积极推进庙行区块链孵化基地的建设，浙江要建设西溪谷区块链产业园，海南自贸区也已经成立首个国内区块链试验区。国内的这些省市中，北京和上海并非表现最为积极的，相反浙江杭州、海南、广东深圳等地区的规划指引更为开放。在数据检索关键词中，杭州和深圳是搜索频率最高的，广州则拥有国内最多的区块链企业，海南更是勇于尝试，率先成立区块链试验区。国内各地区都在积极推动区块链的发展，各个地区的竞争也必然形成一股内在力量，推动该行业快速发展。同时各地方政府对区块链尤其是 ICO 的监管也日趋严格。

第六章
企业数字化发展

企业数字化发展已成为当前商业领域中的一项重要战略，对企业的竞争力和可持续发展具有重要意义。然而，要实现成功的数字化转型，企业需要进行充分的数字化准备。

一、明确数字化的战略和目标

企业在数字化转型之前，首先需要明确数字化战略和目标。数字化战略应与企业整体战略相一致，并明确数字化转型的核心目标和关键指标。企业需要明确数字化转型的意义和价值，以及预期的商业收益和盈利模式。只有明确了数字化战略和目标，企业才能有针对性地进行数字化准备工作。在企业进行数字化转型之前，明确数字化战略和目标是至关重要的。

第一，与整体战略的一致性。企业的数字化战略应与整体战略相一致，并与企业的愿景、使命和核心价值观相契合。数字化转型不应是一个孤立的项目，而应作为企业整体战略的一部分来推动。因此，在明确数字化战略和目标时，企业需要考虑数字化转型与企业核心业务、市场定位和竞争策略的关联性，确保数字化转型的目标与企业整体发展方向一致。

第二，核心目标和关键指标。企业在明确数字化战略和目标时，需要明确数字化转型的核心目标和关键指标。核心目标可以包括提高业务效率、优化客户体验、加强创新能力等方面。关键指标可以是关于营收增长、市场份额、客户满意度、数字化转型投资回报率等方面的具体指标。明确核心目标和关键指标有助于企业在数字化转型过程中集中资源和精力，衡量转型成果，并推动数字化转型向预期目标迈进。

第三，意义和价值的明确化。企业需要明确数字化转型的意义和价值，即为什么要进行数字化转型以及数字化转型能为企业带来什么好处。这有助于激发组织内外对数字化转型的认同和支持，提高员工的积极性和投入度。企业可以明确数字化转型对业务流程的改进、员工工作效率的提升、市场竞争力的增强等方面的意义和价值，从而推动数字化转型的顺利进行。

第四，商业收益和盈利模式。数字化转型需要企业考虑商业收益和盈利模式的变化。企业应明确数字化转型的预期商业收益，包括降低成本、提高销售额、扩大市场份额等方面的收益。此外，企业还应考虑数字化转型对盈利模式的影响，例如，通过数字化技术创造新的收入来源、构建数字化生态系统等方式改变盈利模式。明确商业收益和盈利模式有助于企业在数字化转型过程中合理配置资源，增强数字化转型的可持续性。

总之，企业在数字化转型之前需要明确数字化战略和目标，并进行相应的数字化准备工作。这包括与整体战略的一致性、核心目标和关键指标的明确、意义和价值的明确化，以及商业收益和盈利模式的考虑。同时，企业还需要进行评估当前状态、建立数字化团队、进行技术基础设施建设。

二、构建数字化文化和组织

数字化转型要求企业内部建立积极的数字化文化和组织。这包括培养员工的数字化意识和技能，推动数字化思维和创新能力的发展。企业应提供培训和教育资源，帮助员工掌握数字化工具和技术，并促进他们在工作中应用数字化解决方案。此外，企业还需要建立灵活的组织结构和流程，以适应数字化时代的快速变化和创新需求。

数字化转型要求企业内部建立积极的数字化文化和组织，这意味着企业需要在各个层面上培养员工的数字化意识和技能，并推动数字化思维和创新能力的发展。

第一，企业应该提供培训和教育资源，帮助员工掌握数字化工具和技术。这包括举办内部培训课程、组织外部专家讲座或研讨会，以及提供在线学习平台和资源。培训的内容可以涵盖基础的数字化知识和技能，如数据分析、人工智能、云计算和物联网等，以及与员工具体工作相关的数字化解决方案的应用。

第二，企业应该鼓励员工在工作中应用数字化解决方案。这可以通过设立激励机制，例如，奖励那些积极尝试和成功应用数字化工具和技术的员工，或者将数字化能力作为绩效评估的一部分。此外，企业可以设立创新实验室或类似的平台，鼓励员工提出和实施数字化创新项目，并提供必要的资源和支持。

此外，企业的领导层也需要在数字化转型中发挥重要作用。领导层应该明确数字化转型的战略目标和愿景，并向员工传达其重要性和必要性。领导层还应该树立榜样，积极采用数字化工具和技术，并支持员工的学习和创新。领导层还可以组织定期的沟通和反馈机制，以便员工可以分享他们的想法和经验，并对数字化转型的进展进行评估和调整。

三、加强信息技术设施建设

信息技术基础设施是企业数字化发展的基石，它提供了支持和保障企业运营、创新和增长的必要条件。一套健全的信息技术基础设施包括各种硬件设备、软件应用和平台，以及与其相关的网络和存储系统。

在硬件方面，企业需要考虑建立可靠的网络基础设施。这包括内部局域网（LAN）和外部广域网（WAN），以连接不同部门、办公地点和合作伙伴。网络设备如交换机、路由器和防火墙等起着关键作用，确保数据的安全传输和网络的高效运行。另外，服务器和存储系统也是信息技术基础设施中重要的组成部分。服务器可以用于存储和处理企业的数据和应用程序，提供各种服务，如电子邮件、网站托管和数据库管理等。存储系统则用于安全地保存和管理大量的数据，包括文件、文档、多媒体内容等。

在软件方面，企业需要选择和部署适合其业务需求的应用软件和平台。这可能包括企业资源规划（ERP）系统、客户关系管理（CRM）软件、供应链管理（SCM）系统等。这些软件能够帮助企业实现业务流程的自动化、数据的集中管理和决策的支持。

稳定性、安全性和可扩展性是建立健全信息技术基础设施的关键考虑因素。企业需要确保其网络和服务器具备高可靠性和冗余性，以减少服务中断的风险，并及时备份和恢复数据以应对潜在的灾难事件。此外，安全性是保护企业数据和系统免受未经授权访问、数据泄露和恶意攻击的重要方面。企业需要采取合适的安全措施，如防火墙、加密技术和访问控制，以确保信息的保密性、完整性和可用性。同时，企业的信息技术基础设施也应具备良好的可扩展性，以适应业务的增长和变化需求。

此外，企业还应关注新兴技术的应用，以提升其数字化能力和创新竞争力。云计算为企业提供了灵活的、可扩展的计算和存储资源，能够降低成本、提高效率，并支持创新性的应用开发。大数据技术能够帮助企业分析和利用海量的数据，从中获得商业洞察，并优化决策和业务流程。人工智能技术则可以赋予企业智能化的能力，如自动化、机器学习和智能推荐等，以提升用户体验和业务效益。

企业建立健全的信息技术基础设施对于实现数字化转型和提升竞争力至关重要。通过选择适合的硬件设备、软件应用和平台，并关注新兴技术的应用，企业能够构建稳定、安全、可扩展的信息技术基础设施，为业务创新和增长提供强有力的支撑。

四、构建合作伙伴关系

数字化转型对于企业来说是一项复杂而具有挑战性的任务。为了成功实施数字化转型战略，企业需要与各方建立良好的合作伙伴关系。这些合作伙伴可以是技术供应商、行业协会、学术机构以及其他企业。

第一，与技术供应商建立合作关系对于数字化转型至关重要。技术供应商可以为企业提供必要的数字化工具、平台和解决方案。他们拥有专业知识和经验，能够帮助企业评估其数字化需求，提供定制化的解决方案，并提供技术支持和培训。与技术供应商的合作可以帮助企业更好地理解和应用新技术，加速数字化转型的进程。

第二，与行业协会建立合作关系可以为企业提供行业洞察和专业支持。行业协会通常由相关行业的专业人士组成，他们了解行业的最新趋势、标准和最佳实践。通过与行业协会的合作，企业可以获取宝贵的市场情报和行业见解，从而更好地规划和执行数字化转型策略。

第三，与学术机构建立合作关系可以帮助企业获得创新的思路和技术支持。学术机构通常拥有先进的研究设施和专业知识，能够进行前沿技术研究和开发。通过与学术机构的合作，企业可以与学术界的专家进行合作研究和创新项目，探索新的数字化技术和解决方案。

第四，企业还可以与其他企业进行战略合作，共同推动数字化项目和创新实践。与其他企业的合作可以实现资源互补和优势互补。通过共享资源、经验和专业知识，合作伙伴可以共同开发新的数字化解决方案，提高创新能力，共同应对数字化转型中的挑战。

建立良好的合作伙伴关系可以帮助企业加快数字化转型的速度和效果，并降低数字化风险和成本。合作伙伴提供了企业所需的资源和专业知识，可以共同制定和执行数字化转型战略。此外，合作伙伴关系还可以促进知识共享和技术交流，推动数字化领域的创新和发展。

建立合作伙伴关系也需要谨慎选择和管理。企业应该选择与其战略目标和价值观相一致的合作伙伴，并建立相互信任和共同利益的合作关系。此外，有效的合作伙伴关系需要建立透明的沟通渠道和合作机制，确保双方能够有效地合作并共同实现数字化转型的目标。

五、制定风险管理策略

数字化转型是指将传统业务和运营过程转变为数字化形式，以利用信息技术和数字化工具来提高效率、创造价值和实现创新。然而，数字化转型也带来了一系列的风险和挑战，企业需要采取相应的风险管理策略来应对这些问题。

企业应该评估数字化转型可能面临的各种风险和障碍。其中包括技术风险，如系统故障、技术升级和兼容性问题；安全风险，如网络攻击、数据泄露和恶意软件；人员变革风险，如员工对新技术和工作流程的接受程度、培训和转型过程中的团队合作等。企业需要对这些风险进行全面评估，并制定相应的应对措施和预案。

针对技术风险，企业可以选择建立紧密的技术合作关系，与技术供应商合作，确保系统的可靠性和稳定性。同时，企业应该进行定期的系统维护和更新，及时解决技术问题，保证数字化转型的顺利进行。

对于安全风险，企业应建立健全的数据安全和隐私保护制度。这包括制定严格的数据访问和控制政策，加强网络安全防护措施，对敏感数据进行加密和备份，并建立紧急响应机制以应对潜在的安全威胁。同时，企业还应合规相关法规和标准，确保数字化转型过程中的数据处理符合法律法规的要求。

除了技术和安全风险外，企业还应关注市场竞争和变化带来的风险。数字化转型可能改变行业竞争格局，新的竞争对手可能涌现并引发市场变化。因此，企业需要定期进行市场分析，了解市场趋势和竞争态势，及时调整战略和措施，保持竞争优势和灵活应对能力。同时，企业可以考虑建立合作伙伴关系，共享资源和信息，提高市场反应速度和适应能力。

数字化转型虽然带来了巨大的机遇和潜力，但也伴随着一定的风险和挑战。企业需要制定相应的风险管理策略，评估风险、建立安全保护机制，并灵活调整战略以适应市场变化，以确保数字化转型的成功进行。

总结起来，企业数字化发展需要进行充分的数字化准备。企业应明确数字化战略和目标，建立数字化文化和组织，优化数据管理和分析能力，加强信息技术基础设施建设，构建合作伙伴关系，制定风险管理策略，持续创新和改进。通过这些准备工作，企业能够更好地应对数字化转型带来的机遇和挑战，实现可持续的数字化发展，并在竞争激烈的市场中保持领先地位。

第二节　数字化企业发展的趋势

"在数字经济时代的发展趋势下，企业数字化转型这一发展目标已经深入人心，同时各企业单位将发展数字化企业形式作为主要目标，结合符合实际的企业数据标准与数据安全保障体系，为发展数字化企业转型奠定了良好的基础建设。"①

一、技术方面

（一）供应链数字化

供应链数字化是指利用数字技术和信息系统来实现对供应链各个环节的实时跟踪、信息管理和优化的过程。它涵盖了物流、库存管理、订单处理、供应商管理等方面，并通过数字化工具和平台来提高供应链的可见性、效率和灵活性。通过数字化供应链，企业可以获得以下好处。

第一，实时跟踪和可见性。通过数字化系统，企业可以实时监控物流运输、库存水平和订单状态等关键指标。这使企业能够了解供应链中各个环节的实际情况，并及时采取行动。例如，企业可以跟踪货物的位置和运输时间，从而更好地规划生产和配送计划，减少运输延迟和库存缺货的风险。

第二，成本控制和效率提升。供应链数字化可以帮助企业识别并优化供应链中的瓶颈和低效环节。通过实时数据和分析，企业可以发现供应链中的成本驱动因素，并采取相应的措施来降低成本。例如，企业可以通过优化库存管理和减少物流运输中的浪费来降低成本，并提高整体供应链的效率。

第三，库存优化。数字化供应链可以提供更准确的库存需求预测和优化库存水平的能力。通过分析历史销售数据、市场趋势和需求模式，企业可以预测未来的需求，并据此进行库存规划和订货决策。这可以减少库存过剩和过期产品的风险，降低库存持有成本，并确保及时交付。

第四，更准确的交付承诺。通过数字化供应链，企业可以更好地管理订单处理和交付承诺。实时数据和可见性使得企业能够准确地评估订单的处理时间和交付时间，并向客户提供准确的交付承诺。这可以提高客户满意度，增强客户关系，并增加重复购买的机会。

第五，供应商管理和合作优化。数字化供应链使企业能够更好地与供应商进行协作和管理。通过共享数据和信息，企业和供应商可以实现更紧密的合作关系，共同优化供应链效率和降低风险。例如，供应商可以根据实时需求和库存信息进行生产和供货计划，以满足企业的需求，并减少库存积压。

---

① 刘秋菊. 数字经济时代企业数字化转型未来可期 [J]. 中国乡镇企业会计，2021（10）：137.

综上所述，供应链数字化可以帮助企业实现对物流、库存、订单等关键信息的实时跟踪和管理，提高供应链的可见性和效率。这将带来成本控制、库存优化和更准确的交付承诺等好处，为企业提供竞争优势和增强客户体验。

（二）物联网和传感器技术

物联网（IoT）和传感器技术的应用正在改变企业的运营方式，带来了更智能、高效和可持续的解决方案。

第一，实时监测和数据收集。通过将传感器嵌入设备、产品和基础设施中，企业可以实时监测和收集各种数据。例如，传感器可以收集温度、湿度、压力、振动等参数，以及位置、运动和能源消耗等信息。这些数据可以帮助企业了解设备和产品的工作状态、性能和使用情况，及时检测异常和问题。通过实时监测和数据收集，企业可以采取预防性维护措施，避免故障和停机时间，提高设备的可靠性和生产效率。

第二，产品设计和改进。物联网和传感器技术使企业能够更好地了解产品在使用过程中的情况和用户的需求。通过传感器收集的数据，企业可以分析产品的使用模式、性能和耐久性，并基于这些数据进行产品设计和改进。例如，汽车制造商可以通过车辆传感器收集的数据来改进车辆的燃油效率、驾驶安全性和用户体验。这种数据驱动的产品设计和改进可以提高产品质量、满足用户需求，并为企业带来竞争优势。

第三，远程维护和预测性维修。物联网和传感器技术使企业可以实现远程监控和维护。通过远程连接和传感器数据，企业可以远程监测设备和产品的运行状态，并进行故障诊断和维修。这可以减少维护人员的出差和停机时间，提高维修效率和响应速度。此外，通过分析传感器数据，企业还可以实现预测性维修，即提前识别设备故障的迹象，并在故障发生之前采取维修措施。这可以避免突发故障和生产中断，提高设备的可用性和生产效率。

第四，工业 4.0 和智能制造。物联网和传感器技术是实现工业 4.0 的重要驱动力。工业 4.0 的概念强调通过数字化和自动化来实现智能制造和工厂。物联网和传感器技术使设备、机器和系统之间可以实时通信和协作，实现智能化的生产和供应链管理。例如，工厂中的传感器可以收集设备运行状态、生产数据和质量指标，然后将这些数据传输给生产控制系统进行实时监控和优化。这种实时数据交换和自动化协作可以提高生产效率、降低成本，并实现定制化和柔性化生产。

物联网和传感器技术的应用正在改变企业的运营方式，实现了实时监测和数据收集、产品设计和改进、远程维护和预测性维修，以及智能制造生产目标。这些技术带来了更智能、高效和可持续的企业解决方案，提升了生产效率和竞争力。

(三) 增强现实和虚拟现实

增强现实（AR）和虚拟现实（VR）技术正在改变企业的培训、营销和客户体验等方面，为企业带来了全新的创新机会。

第一，培训体验。AR 和 VR 技术可以为企业提供沉浸式的培训体验。通过 AR 和 VR 设备，员工可以参与虚拟的培训场景，模拟现实情境并进行实践操作。例如，制造业可以利用 VR 技术模拟复杂的设备操作流程，帮助员工熟悉操作步骤和安全规程。AR 技术则可以在实际工作环境中提供实时指导和信息展示，帮助员工进行任务执行和故障排除。这种沉浸式的培训体验可以提高培训效果、降低培训成本，并减少潜在的安全风险。

第二，产品演示和展示。AR 和 VR 技术可以帮助企业展示产品的功能、特点和优势。通过 AR 应用，用户可以使用手机或 AR 眼镜查看虚拟的产品模型，将虚拟产品叠加在实际环境中，以更直观的方式了解产品的外观和性能。VR 技术则可以提供沉浸式的产品体验，让用户感受产品在虚拟环境中的实际使用场景。这种沉浸式的产品演示和展示可以帮助企业吸引客户、提升品牌形象，并提供与众不同的购买体验。

第三，虚拟购物环境。AR 和 VR 技术可以为消费者创造虚拟购物环境。通过 AR 应用，消费者可以使用手机或 AR 眼镜在现实环境中试穿虚拟的服装、配饰或化妆品等产品。他们可以在家中或任何地方通过虚拟现实体验购物，省去了实际前往实体店面的需求。VR 技术则可以提供虚拟商店体验，让消费者在虚拟环境中浏览商品、选择产品并完成购买。这种虚拟购物环境可以提供便利、个性化和与众不同的购物体验，促进消费者决策和购买意愿。

第四，营销和广告。AR 和 VR 技术可以帮助企业创造创新和引人注目的营销和广告活动。通过 AR 应用，企业可以在产品包装、海报或广告中嵌入虚拟元素，当消费者使用 AR 设备扫描时，可以触发虚拟内容的展示，增加品牌互动和记忆度。VR 技术则可以提供沉浸式的广告体验，让消费者在虚拟环境中与品牌进行互动。这种创新的营销和广告形式可以吸引消费者的注意力，提升品牌知名度和市场份额。

AR 和 VR 技术在企业的培训、营销和客户体验等方面的应用正不断发展。这些技术提供了沉浸式的培训体验、创新的产品演示和购物环境，以及引人注目的营销和广告形式。通过 AR 和 VR 技术，企业可以提升品牌形象、吸引客户，并为消费者创造与众不同的体验。

（四）自动化和机器人技术

自动化和机器人技术在企业的生产和业务流程中应用越来越广泛，为企业带来了许多优势和机遇。

第一，机器人流程自动化（RPA）。RPA 是一种利用软件机器人执行重复性、规范化任务的技术。企业可以利用 RPA 来完成诸如数据录入、文件处理、报告生成等重复性的办公任务，提高工作效率和准确性。RPA 可以模拟人工操作，与现有系统无缝集成，并通过规则和逻辑驱动工作流程，减少人工干预和错误。

第二，自动化仓储和物流系统。自动化仓储和物流系统利用机器人和自动化设备来管理和执行仓储和物流任务。例如，自动化仓库可以利用机器人和自动导航技术来实现货物的自动存储和检索，提高存储密度和操作效率。自动化物流系统可以利用机器人和自动化设备在仓库和生产线之间自动运输货物，减少人力成本和物流时间。

第三，生产线自动化。自动化技术在生产线上的应用可以提高生产效率、减少错误和成本，并增加工作场所的安全性。企业可以使用自动化设备和机器人来执行组装、包装、质检等生产任务。这些自动化系统可以通过预设的程序和传感器来完成工作，并实现高速、精确和连续的生产过程。

第四，机器人辅助手术。在医疗领域，机器人技术也被广泛应用于辅助手术。通过远程操作或自主执行，机器人可以提供更精确、更稳定和更精细的手术操作。机器人辅助手术可以减少手术创伤、缩短康复时间，并提高手术的成功率。

第五，客户服务和支持。自动化和机器人技术也在客户服务和支持方面发挥作用。企业可以利用机器人和自动化系统来提供智能客服和自助服务，例如，通过语音识别和自然语言处理来回答常见问题，提供快速和准确的解决方案。这可以提高客户满意度、减少人力成本，并实现全天候的客户支持。

自动化和机器人技术在企业的生产和业务流程中发挥着重要的作用。通过机器人流程自动化、自动化仓储和物流系统、生产线自动化以及机器人辅助手术等应用，企业可以提高生产效率、减少错误和成本，并增加工作场所的安全性。这些技术的应用为企业带来了更高的竞争力和创新能力。

（五）数据可视化和智能分析

数据可视化和智能分析工具在企业的数据驱动决策和业务管理中起着至关重要的作用。

第一，仪表板和数据报表。企业可以利用仪表板和数据报表来呈现关键业务指标和趋势。仪表板是一个集中展示数据的可视化界面，通常通过图表、指标卡、表格等形式展示数据。数据报表则是更详细和结构化的数据呈现形式，可以包含多个表格和图表。这些工具帮助企业以直观和可交互的方式了解业务情况，快速识别关键问题和机会。

第二，数据可视化工具。数据可视化工具可以将数据转化为图表、图形和地图等视觉元素，以帮助用户更好地理解和解释数据。通过数据可视化，企业可以以直观的方式呈现复杂的数据关系、趋势和模式。常见的数据可视化工具包括 Tableau、PowerBI、D3.js 等。这些工具提供丰富的图表选项和交互功能，使用户能够深入挖掘数据并发现新的洞察。

第三，智能分析工具。智能分析工具利用人工智能和机器学习技术，能够对大量的数据进行自动化分析和洞察提取。这些工具可以自动发现数据中的模式、关联和趋势，为用户提供准确和实时的业务洞察。智能分析工具可以帮助企业发现隐藏在数据中的机会和挑战，并支持数据驱动的决策制定。

第四，可视化分析。可视化分析是将数据可视化和分析技术相结合，通过交互式的可视化界面，让用户能够深入探索数据并进行实时的数据分析。可视化分析工具可以让用户通过拖拽、筛选、缩放等操作，灵活地探索数据并进行多维度的分析。这种交互式的分析方式使用户能够更深入地理解数据，发现数据背后的故事和洞察。

通过数据可视化和智能分析工具，企业可以将复杂的数据转化为易于理解和可操作的洞察。这些工具帮助企业监测业务绩效、发现趋势和模式，并支持数据驱动的决策制定过程。同时，这些工具还能够促进跨部门和跨团队的数据共享和合作，加强组织内部的数据驱动文化。

（六）微服务架构

微服务架构是一种软件开发和部署的方法，将应用程序划分为一组小型、自治的服务。每个服务都专注于完成特定的业务功能，并通过轻量级的通信机制相互协作。相比于传统的单体应用程序，微服务架构的核心思想是将复杂的系统拆分为多个独立的服务单元，每个单元可以独立开发、部署、扩展和维护。"当今社会进入了云计算与大数据时代，软件功能日趋复杂。微服务作为一种新型的架构风格，受到了学术界和工业界的广泛关注。与传统应用相比，微服务架构具备灵活性强、易扩展、容错性高的优势。"[①]

1. 微服务架构的特点

①张墨涵，王雪英，沈学东等. 微服务架构技术与挑战 [J]. 网络安全技术与应用，2023（2）：3.

微服务架构的关键特点包括五个方面。

（1）拆分。应用程序被拆分为多个小型的服务，每个服务关注于单一的业务功能。这种细粒度的拆分使得每个服务都能够更容易地理解、开发和维护。

（2）独立性。每个微服务都是自治的，可以独立开发、测试、部署和扩展。这意味着一个服务的变更或故障不会影响整个系统的运行，而只会影响到与该服务直接相关的功能。

（3）通信。微服务之间通过轻量级的通信机制进行交互，常用的方式包括使用 REST-fulAPI、消息队列或事件驱动架构。这种松耦合的通信方式使各个服务可以独立演化，不受其他服务的影响。

（4）可扩展性。由于每个服务都是独立的，可以根据需求对其进行独立的扩展。这使系统可以更好地适应负载的增加，提高了整体的可伸缩性。

（5）可维护性。微服务架构使系统的不同部分可以独立进行修改和维护，而不会对整个系统产生影响。这降低了系统的复杂性，并且简化了故障排查和修复的过程。

2. 微服务架构的优势

采用微服务架构的数字化企业可以获得以下优势。

（1）敏捷性。微服务架构使得企业可以更快速地响应变化的业务需求。每个服务都可以独立开发和部署，团队可以并行工作，减少了开发和交付的时间。

（2）模块化。微服务架构鼓励将系统划分为多个小型的、自治的服务单元。这使得企业可以更容易地进行模块化开发，重用和组合不同的服务来构建新的应用和功能。

（3）弹性和容错性。由于每个微服务都是自治的，系统具有更高的弹性和容错性。如果一个服务发生故障，其他服务仍然可以正常运行，从而保证了系统的可用性。

（4）技术多样性。微服务架构支持使用不同的技术栈和编程语言来实现不同的服务。这使企业可以根据具体需求选择最适合的技术，而不受单一技术栈的限制。

然而，微服务架构也带来了一些挑战，包括服务拆分的复杂性、服务间通信的管理、分布式系统的复杂性以及部署和监控的挑战。因此，在采用微服务架构时，需要仔细权衡利弊，并结合实际情况进行决策和规划。

二、企业运营与管理方面

（一）数字化营销

数字化营销是指利用数字技术和在线渠道来推广产品或服务，并与潜在客户进行互动的营销策略和实践。它已成为企业发展中不可或缺的一部分，因为它提供了许多优势和机会。

第一，直接互动和个性化。数字化营销通过互联网和社交媒体等渠道，使企业能够直接与潜在客户进行互动。这种直接互动可以通过定制化的信息、个性化的推荐和互动式营销活动来提高客户参与度和满意度。

第二，提高市场营销效果。数字化营销可以通过准确的市场定位和定向广告，将品牌和产品信息传递给感兴趣的潜在客户。通过数字渠道的数据分析和跟踪，企业可以更好地了解营销活动的效果，并根据反馈进行调整和优化。

第三，提供更丰富的内容形式。数字化营销提供了多种多样的内容形式，如文字、图像、视频和音频等。这使企业可以更富创意地传达信息，吸引和保持用户的注意力。

第四，实时数据分析和反馈。数字化营销提供了实时数据分析和反馈的能力。企业可以通过分析网站流量、社交媒体互动和在线广告效果等数据，了解客户行为和偏好，从而进行更精确的营销决策和策略调整。

第五，提供全球覆盖和扩展机会。互联网和数字渠道使企业可以突破地域限制，实现全球范围的营销。企业可以通过搜索引擎优化（SEO）、全球化的社交媒体营销和跨境电子商务等方式，扩大品牌知名度和市场份额。

第六，互动和口碑营销。数字化营销鼓励用户参与和分享，通过社交媒体、用户评价和口碑传播等方式，用户可以更容易地分享自己的体验和意见，从而形成积极的口碑营销效果。

数字化营销为企业提供了更多的营销工具和渠道，帮助企业与潜在客户建立更紧密的关系，提高市场营销效果，并通过数据分析和反馈进行持续的优化和改进。

（二）数据共享和合作

随着企业之间数据交换和合作的增加，数据共享和合作模式也成为数字化企业发展的重要方面。企业可以通过共享数据和资源来实现更高效的业务流程、创新合作和共同价值创造。

第一，提高业务流程效率。数据共享和合作使企业能够更有效地处理和流转数据，从而提高业务流程的效率和速度。通过共享数据，不同部门或组织之间可以更快速地获取所需信息，减少重复工作和沟通成本。

第二，加强创新合作。数据共享为企业提供了更广阔的合作机会。通过共享数据和资源，企业可以与合作伙伴、供应商和客户进行更深入的合作，共同开展创新项目和业务探索。这种合作可以带来商业模式、产品和服务的创新。

第三，共同价值创造。数据共享和合作模式可以促使企业之间建立更紧密的关系，并实现共同价值创造。通过合作共享数据，企业可以更好地理解市场需求和客户行为，共同开发新产品、解决问题，提供更好的解决方案，并共享经济效益。

第四，数据驱动的决策。数据共享使企业能够获得更全面、更准确的数据视图。这种数据驱动的决策方式可以帮助企业更好地了解市场趋势、客户需求和竞争动态，从而做出更明智的决策，并更快速地调整业务战略。

第五，提升行业竞争力。通过数据共享和合作，企业可以在行业中建立更强大的合作网络，增强其竞争力。共享数据可以帮助企业更好地理解市场和竞争对手，发现新的机会和挑战，并共同应对行业变革和创新的挑战。

第六，数据安全和隐私保护。在进行数据共享和合作时，数据安全和隐私保护是至关重要的。企业需要采取适当的安全措施和合规政策，确保共享数据的安全性和合法性，并遵守相关的数据隐私法规。

总之，数据共享和合作模式为数字化企业提供了更大的机会和潜力。通过合理的数据共享和合作策略，企业可以实现更高效的业务流程、创新合作和共同价值创造，提升竞争力，并在数字化时代中取得成功。

（三）客户体验个性化

数字化技术在企业中的应用为企业提供了更好地了解客户需求和喜好的机会，并且能够为他们提供个性化的产品和服务。这些技术包括数据分析、人工智能、机器学习和自然语言处理等。

首先，通过数字化技术，企业可以收集和分析大量的客户数据。这些数据可以包括客户的购买历史、浏览行为、社交媒体活动和其他与客户交互的信息。通过对这些数据进行分析，企业可以获取有关客户喜好、需求和行为模式的深入洞察。这使得企业能够更好地了解客户的个人特点和偏好，从而为他们提供更具个性化的产品和服务。

其次，数字化技术还可以帮助企业建立智能化的系统和工具，以更好地满足客户的需求。例如，企业可以利用机器学习算法来预测客户的购买意向和偏好，从而提前为他们推荐相关产品或优惠活动。此外，通过自然语言处理技术，企业可以自动化客户服务过程，提供即时且个性化的反馈和支持。这些智能化的系统和工具能够帮助企业提高客户满意度，增强客户忠诚度，并提升市场竞争力。

最后，数字化技术还能帮助企业进行精细化的市场定位和营销活动。通过数据分析和预测模型，企业可以识别出目标市场中的细分群体，并了解这些群体的特点和需求。这使得企业能够为不同的客户群体提供个性化的产品定制和定价策略，从而更好地满足他们的需求并获得竞争优势。此外，数字化技术还可以帮助企业实时监测市场反馈和趋势变化，使企业能够及时调整营销策略并做出相应的决策。

（四）数字化人力资源管理

数字化企业发展需要适应新的人力资源管理模式。在过去，人力资源管理主要依靠人工处理各种人力资源相关的任务，但随着科技的进步和信息技术的普及，企业可以利用人力资源信息系统（HRIS）和人工智能技术来优化招聘、培训、绩效管理和员工福利等方面。

首先，数字化的人力资源管理可以通过使用人力资源信息系统（HRIS）来提高效率。HRIS 是一种集成了人力资源管理功能的软件系统，它可以自动化和简化许多烦琐的人力资源任务，如招聘流程、员工档案管理、薪资和福利管理等。通过 HRIS，企业可以更高效地处理大量的人力资源数据，减少人为错误和时间浪费，从而节省时间和成本。

其次，人工智能技术在数字化人力资源管理中发挥着重要作用。例如，在招聘过程中，人工智能可以帮助筛选和匹配候选人的简历，提高招聘的准确性和效率。人工智能还可以分析员工的绩效数据，提供有针对性的培训和发展建议，帮助员工提高工作技能和表现。此外，人工智能还可以通过自动化和智能化的方式处理员工的请假申请、绩效评估和薪资调整等流程，减少人为干预，提高流程的透明度和公正性。

数字化的人力资源管理还可以增强员工的参与度。通过在线培训平台和学习管理系统，员工可以随时随地获取培训资源和学习机会，提高自身技能和知识水平。此外，数字化的绩效管理系统可以使员工更清晰地了解自己的绩效目标和期望，与管理层进行更频繁和有意义的绩效反馈，促进员工的积极参与和成长。

最后，数字化的人力资源管理可以帮助企业吸引和留住人才。当今的员工更加注重工作环境、发展机会和福利待遇。通过数字化的人力资源管理，企业可以提供更好的员工体验，例如，通过在线福利平台提供个性化的福利选择、通过员工自助系统提供便捷的管理服务等。这些改进可以增强员工的工作满意度和忠诚度，从而提高员工留任率，并吸引更多高素质的人才加入企业。

（五）绿色和可持续发展

数字化企业发展的趋势之一是对环境和可持续性的关注。企业意识到在追求商业成功的同时，也应该承担社会责任，采取可持续发展的措施。以下是数字化技术在这方面的应用和影响。

第一，能源管理和优化。数字化技术可以帮助企业监测和管理能源消耗，以减少对环境的负面影响。通过传感器、智能电网和自动化控制系统，企业可以实时监测能源使用情况，并采取相应的措施来降低能源消耗。例如，智能照明系统可以根据光线和人员活动自动调整照明强度，以节约能源。

第二，资源利用优化。数字化技术还可以帮助企业优化资源利用，减少浪费和排放。通过数据分析和建模，企业可以了解资源使用的模式和趋势，并制定相应的策略来提高资源利用效率。例如，生产过程中的物联网传感器可以实时监测生产线上的资源消耗情况，帮助企业减少能源和原材料的浪费。

第三，循环经济支持。数字化技术在推动循环经济方面起到关键作用。循环经济是指通过减少资源的消耗和减少废物的排放来实现可持续发展。数字化技术可以帮助企业实现废物的回收利用和再生利用。例如，通过物联网和数据分析，企业可以跟踪废物的去向和处理方式，并找到将废物转化为资源的机会。

第四，可持续供应链管理。数字化技术可以支持企业实现可持续的供应链管理。通过数字化平台和数据共享，企业可以更好地监测供应链中的环境和社会风险，并与供应商进行合作来改进可持续性绩效。例如，通过区块链技术，企业可以追踪和验证产品的来源和生产条件，确保供应链中的合规和可持续性。

数字化技术在环境和可持续性方面的应用有助于企业减少能源消耗、优化资源利用和推动循环经济。这些措施不仅有助于降低企业的环境影响，还可以为企业带来长期的经济效益和商业机会。通过数字化技术的支持，企业可以实现经济增长与环境可持续发展的双赢局面。

数字化企业发展的趋势不仅是技术的发展，更是企业转型的关键。数据驱动决策、人工智能与自动化、云计算与大数据分析、物联网技术以及数字化营销等趋势将推动企业提升效率、创新能力和竞争力。同时，企业在数字化发展过程中也需要重视安全与隐私保护，并进行人才培养和组织变革。只有紧跟数字化趋势，才能在激烈的市场竞争中立于不败之地，实现可持续发展。

第三节 企业数字化的要素

一、领导力与愿景

企业数字化的成功离不开领导层的支持和领导力。领导者需要具备数字化转型的愿景和战略，能够推动整个组织朝着数字化目标前进，并与全体员工分享这一愿景。他们还需要扮演推动变革的角色，提供资源和支持，引领组织应对数字化挑战。

领导者在数字化转型过程中扮演着关键的角色，他们需要具备以下方面的能力和特质。

第一，愿景和战略。领导者需要有清晰的数字化转型愿景，并制定相应的战略来实现这一愿景。他们应该能够看到数字化带来的机遇，并能够将其与组织的整体目标相结合。领导者应该能够将数字化转型融入企业的长期规划和战略决策中，以确保数字化进程与组织的核心业务紧密衔接。

第二，传播愿景。领导者需要能够向全体员工传播数字化转型的愿景和重要性。他们应该能够清晰地传达数字化带来的好处，并激发员工的参与和合作。领导者应该能够建立一个积极的数字化文化，让员工理解数字化的重要性，并愿意积极参与和支持数字化转型。

第三，推动变革。领导者需要扮演推动变革的角色。他们应该能够识别并应对数字化转型过程中的挑战和障碍，并提供必要的资源和支持来解决这些问题。领导者应该鼓励创新和实验，并支持员工在数字化转型中的学习和成长。他们应该引领组织迈向数字化的未来，并确保数字化转型能够顺利进行。

第四，建立合作与沟通。领导者需要建立良好的合作关系，并促进跨部门和跨团队的合作。他们应该鼓励知识共享和信息流动，以便在数字化转型过程中能够获得全面的理解和支持。领导者还应该倾听员工的意见和反馈，积极回应他们的需求和关切。有效的沟通和合作是数字化转型成功的关键因素之一。

第五，培养数字化能力。领导者需要具备足够的数字化知识和技能，以便能够理解和应对数字化转型的挑战和机遇。他们应该持续学习和更新自己的知识，跟上数字化技术的发展趋势，并能够将这些知识和技能应用到组织的数字化战略中。领导者还应该鼓励员工进行数字化技能培训和学习，以提高组织整体的数字化能力。

第六，鼓励创新和实验。领导者应该鼓励员工进行创新和实验，并为他们提供相应的支持和资源。他们应该营造一个积极的创新文化氛围，让员工感到安全并鼓励其去尝试新的数字化解决方案和业务模式。领导者应该积极倡导并奖励创新，以及能够识别和推动有潜力的创新项目，以推动组织的数字化转型。

第七，持续监测和评估。领导者需要对数字化转型的进展进行持续的监测和评估。他们应该设立指标和评估体系，以衡量数字化转型的成效，并及时进行调整和改进。领导者应该关注数字化转型的关键风险和挑战，并采取相应的措施来解决问题。他们应该能够及时调整数字化战略和行动计划，以确保数字化转型能够实现预期的业务价值和效益。

第八，建立激励和奖励机制。领导者应该建立适当的激励和奖励机制，以鼓励和认可在数字化转型中取得成果的员工。他们应该能够识别和表彰那些积极参与数字化转型、推动创新和取得突出业绩的员工。通过建立激励和奖励机制，领导者能够激发员工的积极性和动力，促进数字化转型的成功。

综上所述，领导者在企业数字化转型中需要具备愿景和战略、传播愿景、推动变革、建立合作与沟通、培养数字化能力、鼓励创新和实验、持续监测和评估，以及建立激励和奖励机制等关键能力和特质。他们的领导力对组织能否成功应对数字化挑战，实现数字化转型的目标至关重要。

二、战略规划

企业数字化的成功需要建立清晰的战略规划，以确保数字化转型与组织的整体战略相一致，并能够满足市场需求、应对竞争环境和把握技术趋势。以下是战略规划的关键方面。

第一，确定数字化目标。企业在数字化转型中需要明确具体的目标和成果，这些目标可以是提高业务效率、增强客户体验、开发新的数字化产品或服务等。目标应该是具体、可衡量和可实现的，以便于跟踪数字化转型的进展和成效。

第二，分析市场需求和竞争环境。企业需要进行市场调研和竞争分析，了解客户需求、行业趋势和竞争对手的数字化实践。这些分析将有助于确定数字化转型的重点和方向，以便于在数字化转型中能够满足市场需求、抢占市场份额，并保持竞争优势。

第三，把握技术趋势。领导者和战略规划团队需要密切关注技术发展的趋势和创新，以便在数字化转型中能够应用最新的数字技术和解决方案。这可能涉及人工智能、物联网、大数据分析、云计算等领域的技术。通过了解和把握技术趋势，企业可以更好地利用数字化技术，提升业务效率和创新能力。

第四，制定数字化策略和计划。基于分析和研究的结果，企业需要制定数字化策略和详细的实施计划。数字化策略应明确指导数字化转型的方向和重点，包括选择和应用的数字技术、组织结构和流程的调整、人才培养和招聘等方面。实施计划应考虑资源需求、时间表、里程碑和评估指标，以确保数字化转型按计划进行并取得预期的结果。

第五，整合数字化与组织战略。数字化转型的战略规划需要与组织的整体战略相衔接和协调。数字化转型不应是孤立的举措，而是与组织的使命、愿景和价值观相一致，并对组织的核心业务和长期发展产生积极影响。数字化战略的整合有助于确保数字化转型成为组织的核心能力，并为未来的成功奠定基础。

第六，持续评估和调整。数字化战略规划是一个持续的过程，需要不断评估和调整。企业应定期审查数字化转型的进展和成果，比对实际情况与预期目标的差距，并采取相应的措施进行调整和改进。持续的评估和调整有助于确保数字化转型与变化的市场和技术环境保持一致，并保持企业的竞争力。

通过建立清晰的战略规划，企业能够在数字化转型过程中明确目标、把握市场需求和技术趋势，并制定相应的策略和计划。这将为数字化转型的成功奠定基础，并确保企业能够在数字化时代取得竞争优势。

三、组织架构与文化

企业数字化需要适应性强的组织架构和文化，以便有效地应对不断变化的市场和技术环境。下面是关于组织架构和文化在企业数字化中的重要方面的详细解释。

第一，灵活的组织架构。传统的刚性组织架构通常是按照部门划分的，各部门独立运作，信息流动受限，难以快速响应市场的变化和技术的创新。在数字化时代，企业需要采用更灵活的组织架构，例如，采用跨职能团队、项目组或矩阵结构等，这样可以实现更快的决策和执行，更好地适应不断变化的需求。

第二，敏捷的组织架构。敏捷方法论在数字化转型中起着重要作用。敏捷组织架构通过将工作划分为小而可控的任务，强调迭代、快速试错和持续改进，以适应不断变化的需求。敏捷方法可以帮助企业更好地管理和应对数字化转型中的不确定性和复杂性。

第三，培养数字化思维。数字化时代要求企业员工具备数字化思维，即对数据的敏感性、数据驱动决策的能力和技术的理解。企业需要提供培训和资源，以帮助员工理解数字技术的应用和潜力，并将其融入日常工作中。

第四，鼓励创新和合作。数字化转型需要不断创新和尝试新的方法和技术。企业应该鼓励员工提出新的想法、试验新的解决方案，并支持失败的尝试。此外，企业还应该促进内部的合作和知识共享，打破部门之间的壁垒，以实现更好的跨部门协作和协同创新。

第五，跨部门协作。数字化转型往往涉及多个部门的合作和协同工作。传统的部门化结构可能会导致信息孤岛和沟通障碍。为了实现数字化转型的成功，企业需要打破部门之间的壁垒，建立跨部门的沟通渠道和协作机制，确保各部门之间的信息共享和协调，以实现整体目标的一致性。

总之，企业数字化需要适应性强的组织架构和文化。灵活、敏捷的组织架构可以帮助企业快速应对市场变化和技术创新。在文化方面，培养数字化思维、鼓励创新和合作，并打破部门之间的壁垒，实现跨部门协作，都是实现企业数字化转型成功的关键因素。

四、数据管理与分析

数据在数字化企业中扮演着核心的角色，它是企业的重要资产，通过建立完善的数据管理体系，企业可以充分利用数据来推动业务增长和创新。

第一，数据收集。数据收集是指企业采集和获取各种形式的数据的过程。这可以包括从内部系统、外部数据源、传感器、社交媒体等渠道获取数据。数据收集需要确保数据的准确性、完整性和可靠性。企业可以使用各种技术和工具，如传感器技术、网络爬虫、API 接口等来收集数据。

第二，数据存储。数据存储是指将收集到的数据进行储存和组织的过程。企业需要选择适当的数据存储技术和平台，如数据库、数据仓库、云存储等，以确保数据的安全性、可靠性和可扩展性。数据存储还应考虑数据的结构化和非结构化特性，并进行适当的数据分类和索引。

第三，数据清洗。数据清洗是指对收集到的数据进行预处理和清理，以确保数据的质量和准确性。在数据清洗过程中，企业需要处理数据中的错误、缺失、重复或不一致的部分。这可以包括数据去重、数据格式转换、异常值处理等操作，以提高数据的可信度和可用性。

第四，数据分析。数据分析是利用各种统计和分析技术对数据进行挖掘和探索，以发现潜在的商业洞察和趋势。企业可以使用数据挖掘、机器学习、人工智能等技术，对数据进行模式识别、关联分析、预测建模等操作，从而获取对业务决策有意义的信息和见解。

第五，数据保护。数据保护是指保护数据的安全性和隐私性，以防止未经授权的访问、数据泄露或滥用。企业需要制定和实施数据安全策略，包括数据加密、身份验证、访问控制、备份和灾难恢复等措施，确保数据在采集、存储和传输过程中的安全性。

有效的数据管理体系可以带来多重好处，它可以帮助企业发现商业洞察和趋势，了解市场和客户需求，从而调整战略和优化产品或服务。通过数据分析，企业可以实现运营的精细化管理，提高效率和生产力。此外，数据驱动的决策制定可以减少主观偏见，提高决策的准确性和可靠性，推动企业在竞争激烈的市场中取得优势。

五、安全与隐私

随着数字化的发展，安全和隐私保护变得尤为重要。企业需要制定和实施安全策略，包括网络安全、数据安全和用户隐私保护。确保数字化系统和数据的安全性将增强企业信任度，并减少潜在的风险。

企业数字化的要素包括领导力与愿景、战略规划、组织架构与文化、技术基础设施、数据管理与分析、人才与培训、创新与合作以及安全与隐私。这些要素相互关联，共同推动企业实现数字化转型。企业应重视这些要素，并制定相应的策略和计划，以适应快速变化的数字化时代，提升竞争力，并实现可持续发展。

第四节　传统企业与数字化企业的战略区别

随着数字化时代的到来，传统企业面临着数字化转型的压力。数字化企业的出现改变了市场竞争的规则和方式。明晰传统企业与数字化企业的战略区别，将帮助传统企业制定适应数字化时代的战略，保持竞争力并实现可持续发展。

一、业务模式的区别

传统企业的业务模式通常建立在线下渠道和传统销售模式的基础之上。这意味着企业依赖实体店面、分销渠道和人工销售团队等传统手段来推动产品或服务的销售和交付。传统企业的运营通常涉及实物的生产、库存管理、物流和供应链等方面。

随着互联网和技术的快速发展，数字化企业以其线上渠道、电子商务和在线服务等数字化方式来经营业务。数字化企业利用互联网和技术平台的优势，能够更广泛地触达客户，并提供更便捷的购买和交互体验。

数字化企业采用线上渠道进行销售和营销活动。它们可以建立自己的网站或在线商城，通过搜索引擎优化（SEO）、社交媒体推广和线上广告等方式来吸引潜在客户。通过线上渠道，企业可以将产品或服务推广到全球范围内的市场，打破地域限制，拓展潜在客户群体。

此外，数字化企业还通过电子商务平台进行交易。通过在线购物平台，客户可以浏览产品、比较价格和进行购买。企业可以通过电子支付系统接受在线付款，并通过物流合作伙伴实现产品的快速配送。这种数字化的交易方式更加便捷，方便客户随时随地进行购买，并且节省了实体店面的租金和人力成本。

数字化企业还通过在线服务提供更好的客户体验。它们可以通过电子邮件、在线聊天和社交媒体等渠道与客户进行实时互动，解答客户的疑问，提供售后支持和个性化服务。通过在线服务，企业能够更好地了解客户需求，提供定制化的解决方案，并建立长期的客户关系。

数字化企业还可以利用大数据和分析技术来获取和分析客户行为数据。通过对客户数据的深入分析，企业可以更好地了解客户的购买偏好和行为模式，从而优化产品设计、改进营销策略和提供个性化推荐。

二、市场定位的区别

传统企业通常以地域或行业为中心，其商业活动局限在特定的地理区域或市场细分中。这些企业的运营模式和市场定位受到地理位置和行业要求的制约。他们通常建立实体店铺或分支机构，通过传统的销售渠道和供应链网络来满足本地市场需求。

随着数字化技术的迅猛发展，数字化企业的市场定位变得更加全球化和开放。数字化企业利用互联网和全球化的网络，能够跨越地域限制，面向全球市场，拓展更广阔的商机。

首先，数字化企业能够通过互联网将产品和服务推广到全球范围。他们可以在网上建立电子商务平台或通过在线市场，将产品直接销售给全球消费者。这种商业模式消除了地理区域的限制，使得企业可以直接接触到世界各地的潜在客户。数字化企业可以通过全球物流和配送网络，实现产品的快速交付，进一步增强其在全球市场的竞争力。

其次，数字化企业可以利用全球化的网络来开展跨国合作和拓展业务。他们可以与世界各地的供应商、合作伙伴和客户进行在线交流和合作。数字化技术使得跨国合作更加便捷，企业可以通过在线会议、即时通信和共享平台，与全球团队进行实时协作。这种开放的合作模式带来了更多的商业机会和创新可能性。

最后，数字化企业还可以通过大数据和人工智能等技术，分析全球市场数据和消费者行为。这些技术可以帮助企业更好地了解全球市场的需求和趋势，从而调整产品策略和市场定位。数字化企业可以根据数据分析结果，定制产品和服务，满足不同国家和地区的需求，进一步扩大全球市场份额。

总的来说，传统企业的市场定位通常受到地域和行业的限制，而数字化企业通过互联网和全球化的网络，可以跨越地域限制，面向全球市场，拓展更广阔的商机。数字化企业能够利用互联网推广产品、开展跨国合作、分析全球市场数据，从而实现全球化的市场定位和商业拓展。这种全球化和开放的市场定位使数字化企业具备更大的成长潜力和竞争优势。

三、创新能力的区别

数字化企业注重创新和技术驱动，这使它们在许多方面与传统企业有所不同。数字化企业注重创新和技术驱动包括以下方面。

第一，敏捷性和灵活性。数字化企业具备较高的敏捷性和灵活性，能够快速适应市场变化和技术进步。他们能够迅速调整业务策略、产品和服务，以满足不断变化的市场需求。数字化企业通常采用迭代式开发和敏捷项目管理方法，使其能够快速响应并迭代改进其产品和服务。

第二，创新思维。数字化企业鼓励创新思维，并将其作为组织文化的核心价值。他们鼓励员工提出新的想法、尝试新的方法，并提供支持和资源来推动创新。这些企业鼓励员工跨部门合作，以促进创意和知识的共享，并鼓励团队之间的跨功能性合作。

第三，探索新商业模式。数字化企业积极探索新的商业模式，以适应不断变化的市场。他们不仅关注产品和服务的创新，还关注如何重新设计业务模式，以提供更高价值和更好的客户体验。数字化企业借助技术创新，重新定义行业价值链，通过数字平台、共享经济和数据驱动的业务模式等方式进行业务转型。

第四，技术驱动。数字化企业将技术视为推动创新和业务增长的关键驱动力。他们积极采用新技术，如人工智能、大数据分析、物联网和区块链等，来改进业务流程、优化决策和提供个性化的产品和服务。数字化企业将技术融入其战略规划和日常运营中，并不断关注和评估新技术的潜在应用价值。

第五，加强创新能力。传统企业在数字化时代可能面临较大的挑战，需要加强创新能力以适应竞争环境的变化。传统企业可以通过培养创新文化、建立创新团队、与初创企业合作或收购技术创新公司等方式来提升创新能力。此外，传统企业还可以积极拥抱数字化转型，将数字技术纳入其业务模式和运营中，以实现更高效、灵活和创新的方式。

总而言之，数字化企业注重创新和技术驱动，并通过敏捷性、创新思维、新商业模式和技术应用来适应不断变化的市场和竞争环境。传统企业需要加强创新能力，积极转型以适应数字化时代的挑战和机遇。

四、客户体验的区别

数字化企业注重提供个性化、定制化的客户体验。他们通过数据分析和个性化营销，更好地了解客户需求，提供个性化的产品和服务。传统企业通常面临与客户的距离，缺乏对客户行为的深入了解和个性化互动的能力，因此需要加强数字化技术的应用，改善客户体验。

数字化企业通过利用先进的技术和数据分析工具，收集和分析大量的客户数据。通过对这些数据的深入分析，数字化企业能够获得关于客户喜好、兴趣和需求的深入洞察。这种了解客户的能力使得企业能够为每个客户提供个性化的产品和服务。

数字化企业还通过个性化营销来与客户进行互动。他们利用客户数据和分析结果，制定精准的营销策略，向客户提供定制化的推荐和促销信息。通过在适当的时间和渠道向客户提供相关的信息，数字化企业能够更好地满足客户的需求，提高客户满意度。

相比之下，传统企业面临一些挑战，导致与客户的距离。传统企业通常依赖传统的销售渠道和沟通方式，缺乏对客户行为的实时了解和深入分析。他们可能仅仅通过市场调研和反馈收集有限的信息，很难全面了解客户的需求和偏好。这使得他们难以提供个性化的产品和服务，无法满足客户的个性化需求。

为了改善客户体验，传统企业需要加强数字化技术的应用。他们可以采用类似数字化企业的方法，收集和分析客户数据，了解客户需求和行为。他们可以利用社交媒体、移动应用和在线平台等数字渠道与客户进行更加个性化的互动。此外，传统企业还可以借助人工智能和机器学习等技术，自动化和优化客户服务过程，提高效率和质量。

总之，数字化企业注重提供个性化、定制化的客户体验，通过数据分析和个性化营销来更好地了解客户需求，并提供相应的产品和服务。传统企业需要加强数字化技术的应用，以改善客户体验，满足客户的个性化需求。

五、人才与技术的区别

（一）数字化企业的高科技人才

数字化企业依赖于高科技人才和数字化技术的支持。在当今信息时代，企业必须不断适应和利用新兴的数字技术，以保持竞争优势并实现创新发展。

第一，数据科学家。数据科学家是数字化企业中至关重要的角色。他们负责收集、整理和分析大量的数据，并从中提取有价值的洞见和趋势。数据科学家利用统计分析、机器学习和数据挖掘等技术，帮助企业做出基于数据驱动的决策，并优化业务流程和运营模式。

第二，人工智能专家。人工智能（AI）是数字化转型的核心技术之一。人工智能专家熟悉机器学习、深度学习、自然语言处理和计算机视觉等领域，能够设计和开发智能系统和算法。他们的工作范围涵盖了机器学习模型的建立和训练、智能决策系统的构建，以及语音识别和图像处理等应用的开发。

第三，数字营销人员。数字营销是企业在数字化时代推广产品和服务的关键策略。数字营销人员掌握各种在线广告平台、社交媒体营销和搜索引擎优化等技术，能够通过精准的定位和个性化的推广，有效吸引和保留目标客户。他们还需要对市场趋势和消费者行为有深入的洞察力，以制定有效的数字营销策略。

（二）传统企业人才的提升

传统企业需要重视人才培养和技术引进，以提升数字化能力，并吸引和留住数字化领域的人才。

第一，培养内部人才。企业可以通过培训和提供学习机会，培养现有员工的数字化技能。这可以通过举办内部培训课程、与外部机构合作进行培训，或为员工提供在线学习资源来实现。

第二，招聘外部人才。企业可以积极招聘具有数字化专长的人才。这可能涉及与高校合作，参与校园招聘活动，或通过专业招聘渠道发布招聘信息。

第三，技术合作和创新合作伙伴关系。企业可以与技术公司、创新孵化器和高等教育机构建立合作伙伴关系。这样可以利用外部资源和专业知识，加速数字化转型的进程，并从合作中获得技术支持和创新灵感。

第四，提供有竞争力的薪酬和福利。为了吸引和留住数字化领域的人才，企业需要提供具有竞争力的薪酬和福利待遇。这包括符合行业标准的薪酬水平、灵活的工作安排、培训和职业发展机会，以及良好的工作环境和文化。

传统企业与数字化企业在战略上存在明显的区别。数字化企业借助互联网和技术平台，通过线上渠道、全球市场定位、创新能力、个性化客户体验、灵活的组织文化、数据驱动决策和技术人才的支持，实现了更广阔的发展空间和市场竞争力。传统企业需要意识到数字化转型的重要性，加强创新、提升数字化能力，以适应数字化时代的竞争环境，实现可持续发展。

第七章
数字经济的企业战略抉择

第一节　加快企业和市场的数字化创新步伐

随着信息技术的快速发展和互联网的普及，数字化创新已经成为企业和市场发展的重要推动力。企业和市场要想保持竞争力并迎接未来的挑战，就必须加快数字化创新的步伐。

第一，企业需要加强对数字化技术的理解和应用。管理层应意识到数字化创新对企业的重要性，并积极推动数字化转型。企业可以加强与科技公司的合作，引进先进的数字化技术和解决方案，如人工智能、大数据分析、物联网等，以提高业务流程的效率和质量。此外，企业还应积极培养和引进数字化人才，提高企业的数字化素养和能力。

第二，市场需要加强数字化基础设施建设。数字化创新需要强大的网络和基础设施支持，如宽带网络、云计算和数据中心等。政府和相关机构应加大投资力度，推动数字化基础设施的建设和升级，提供良好的数字化环境。同时，市场参与者也应积极采用数字化技术，如移动支付、电子商务和在线营销等，以满足消费者的需求，拓展市场份额。

第三，企业和市场需要注重数据的收集和分析。数据是数字化创新的核心，通过收集和分析大数据，企业和市场可以了解消费者的需求和行为，优化产品和服务，实现个性化定制。因此，企业应建立完善的数据收集和管理系统，确保数据的准确性和安全性。同时，企业还应注重数据分析和挖掘的能力培养，利用数据驱动的决策来指导企业的发展。

第四，企业和市场需要加强创新合作和开放共享。数字化创新需要跨界合作和开放共享的理念，企业应积极与其他企业、科研机构和创新平台合作，共同推动技术创新和商业模式创新。通过开放共享数据和资源，可以加快创新的速度和规模，实现互利共赢。此外，企业还可以通过开放创新的方式，吸纳外部创新资源，激发内部创新活力。

第五，企业和市场需要加强数字化创新的监管和规范。数字化创新涉及数据安全、隐私保护、知识产权等一系列法律和伦理问题，需要建立健全的监管框架和法规体系，保障数字化创新的公平、公正和可持续发展。同时，企业应加强内部的风险管理和合规意识，确保数字化创新的合法性和可靠性。

总之，加快企业和市场的数字化创新步伐对于提高竞争力和适应未来的挑战至关重要。企业和市场应加强对数字化技术的理解和应用，加强数字化基础设施建设，注重数据的收集和分析，加强创新合作和开放共享，同时加强数字化创新的监管和规范。只有通过全方位的努力和合作，才能够实现数字化创新的突破和发展，推动经济的高质量增长。

第二节　调整产业结构，提高信息化程度

随着科技的快速发展和全球经济的变化，调整产业结构和提高信息化程度已成为现代社会发展的必然趋势。

一、调整产业结构

调整产业结构是指通过改变经济中各个产业的比重和结构，以适应经济发展和社会需求的变化。在传统产业时代，重工业和制造业占据了经济的主导地位。然而，随着信息技术的迅猛发展和全球化的到来，服务业和高科技产业的重要性不断提升。因此，调整产业结构对于提高经济发展的质量和效益至关重要。

第一，调整产业结构可以促进经济的创新和竞争力。通过向知识密集型产业和高附加值领域转型，企业可以更好地利用科技创新，提高生产效率和产品质量。例如，推动数字化转型和智能制造，可以使企业更加灵活、高效地生产，满足市场的个性化需求。这不仅有助于提升企业的竞争力，还能推动整个经济的升级和创新。

第二，调整产业结构有助于解决环境和资源问题。传统重工业和能源密集型产业往往对环境造成严重影响，而转向绿色产业和清洁能源领域可以减少污染和资源消耗。通过发展可再生能源、推广节能和环保技术，可以实现经济的可持续发展，降低对有限资源的依赖，并减少环境污染对人类生活的负面影响。

第三，调整产业结构还可以促进就业机会的创造和人力资源的优化。随着产业结构的转型，新兴产业和服务业的需求不断增加，这为就业提供了更多的机会。特别是在信息化程度较高的领域，如互联网、人工智能和大数据等，对高素质人才的需求日益增长。因此，调整产业结构还需要加强对人力资源的培养和优化，提供良好的教育和培训机会，以

满足不断变化的劳动市场需求。

实现调整产业结构和提高信息化程度的关键在于制定有效的政策和措施。政府应该加强宏观调控，提供支持和鼓励创新的政策环境。这包括减少行政审批、降低税收负担、提供创业资金和风险投资等。同时，政府还应加强对教育、科技研发和人才培养的投入，以提高人力资源的质量和数量。

此外，企业和组织也应积极主动地调整产业结构。他们应该不断关注市场的变化和需求，及时调整产品结构和业务模式。同时，加强信息技术的应用和创新，提高信息化程度，可以帮助企业实现更高效的管理和生产，提高竞争力。

总之，调整产业结构和提高信息化程度是推动经济发展和社会进步的关键步骤。它不仅能促进经济创新和竞争力，还可以解决环境和资源问题，并创造更多的就业机会。政府、企业和社会各方应共同努力，制定和实施相关政策和措施，为产业结构调整和信息化发展提供良好的环境和支持。只有这样，我们才能迎接未来的挑战，并实现可持续、高质量的经济发展。

二、提高信息化程度

提高信息化程度是实现现代化社会和推动经济发展的重要任务。

第一，提升数字技能。加强对人们的数字技能培训和教育，提高人们利用信息技术的能力。这可以通过学校和培训机构提供相关课程和培训，以及开展公众普及活动来实现。

第二，促进电子政务。推动政府部门采用信息技术和电子化服务，提供便捷的在线政务办理渠道。这包括推广在线申请、在线支付和电子文件管理等，以提高行政效率和公共服务质量。

第三，支持数字经济发展。鼓励和支持数字经济的发展，培育和推动新兴互联网企业和创新型企业的成长。政府可以提供创业支持、资金投入和优惠政策，以激发创新创业活力。

第四，保障信息安全。加强信息安全意识和技术防护，确保信息的安全和可靠。这包括建立健全的网络安全法律法规，加强网络监管和信息安全管理，以及加强网络攻击和数据泄露的防范能力。

第五，推动数字化转型。鼓励企业和组织采用数字化技术和信息化管理，提高生产效率和管理水平。这包括推动企业数字化转型、智能制造和供应链管理的应用，以及推广电子商务和在线服务模式。

第六，加强国际合作与交流。积极参与国际信息化合作和交流，借鉴其他国家和地区的经验和技术，推动全球信息化的共同发展。这可以通过开展国际合作项目、参加信息化领域的国际会议和展览等方式实现。

通过采取上述措施，可以促进信息化程度的提高，推动社会和经济的现代化发展。信息化不仅改变了人们的生活方式和工作方式，也为创新和发展带来了新的机遇。因此，各个领域的政府、企业和个人都应积极参与和推动信息化进程，共同实现信息化与现代化的有机结合。

第三节　弥合数字鸿沟，平衡数字资源

随着信息技术的迅猛发展，数字化已经深刻地影响着人们的生活和经济发展。然而，全球范围内依然存在着数字鸿沟，即数字资源和技术的不平等分配。在这个信息时代，我们需要采取措施来弥合数字鸿沟，实现数字资源的平衡分配。

一、数字鸿沟的认知

数字鸿沟指的是数字技术和资源在不同地区、不同社会群体之间的不平等分布和使用。数字鸿沟的存在会导致信息获取、教育、就业、医疗和社会参与等方面的不公平现象，进一步加剧社会和经济的不平等。因此，弥合数字鸿沟是实现可持续发展和社会公平的关键之一。数字鸿沟出现的原因多种多样，具体如下。

首先，基础设施的不平衡是数字鸿沟出现的主要原因之一。发达地区和城市通常拥有先进的通信基础设施和高速互联网连接，而贫困地区和农村地区则缺乏相应的基础设施。这使贫困地区和农村地区的居民无法充分利用信息技术带来的机会。

其次，数字技能的差异也是数字鸿沟出现的重要原因。缺乏数字技能和培训机会会使人们无法有效地利用数字技术和资源。教育和培训系统应该加强数字技能的培养，包括基本的计算机操作、网络安全意识和信息素养等方面的教育。

最后，经济和财富的不平等也会加剧数字鸿沟。在发展中国家和落后地区，贫困和不平等限制了人们获取数字技术和资源的能力。贫困家庭无力购买计算机和互联网接入设备，也无法支付高昂的互联网服务费用。

二、弥合数字鸿沟，平衡数字资源的方向

首先，需要加强基础设施的建设和改善。政府和相关机构应该投入资金和资源，扩大

通信基础设施的覆盖范围，提供贫困地区和农村地区的高速互联网连接。此外，还可以推广和提供廉价的互联网接入设备，以降低数字技术使用的门槛。

其次，加强数字技能培训和教育。政府、学校和培训机构应该加大对数字技能的培养力度，确保每个人都能够获得基本的数字技能。这不仅包括学生和年轻人，也包括成年人和老年人。同时，还应该提供面向贫困地区和弱势群体的免费或补贴的数字技能培训机会。

最后，需要制定包容性的政策和措施，确保数字资源的平等分配。政府可以提供财政支持和补贴，以降低数字技术设备和互联网服务的价格。同时，还应鼓励和支持民间组织和非营利机构在数字教育和资源共享方面发挥作用。

最后，弥合数字鸿沟还需要加强国际合作和共享经验。发达国家可以提供技术和资源支持，帮助发展中国家和落后地区改善数字基础设施和提高数字技能。同时，需要加强国际组织和跨国公司的合作，共同推动数字资源的平衡分配。

总而言之，弥合数字鸿沟和平衡数字资源是实现可持续发展和社会公平的重要任务。通过加强基础设施建设、数字技能培训、制定包容性政策和加强国际合作，我们可以为每个人提供平等的数字机会，实现数字化带来的机遇和福利的普惠。只有这样，我们才能共同享受数字时代带来的红利，并建立一个更加公正和包容的社会。

第 八 章
数字经济与企业变革

第一节　数字经济时代的企业运营创新变革

伴随数据资源的爆发式增长、数字技术的持续快速创新，经济社会各领域数字化进程日益加快，数字经济被赋予了新的含义，日益成为推动经济实现快速增长的重要驱动力量。新时期，企业应提供能够为未来企业数据分析与预测、企业战略与转型、产品服务信息化等方面起到支撑作用的技术，使之在转型变革中掌握和利用好数字经济，在实践中不断创新并推动数字经济发展。

当前处于数字时代，任何组织都在寻求数字化转型，这个过程是必要和艰难的，它是一个由适应到依赖数字技术，再到逐渐形成数字化思维的过程。对于企业而言，数字技术正在深刻地影响着商业变革，不断涌现出来新的商业模式和创新，各个产业之间的边界也不再清晰，因此，企业的数字化转型势在必行。

一、企业竞争与战略数字化

企业间的数字化竞争是转型速度和转型效果的竞争，体现在借助数字化技术推动业务转型或业务扩张等方面，竞争形式呈多样化。对于传统企业而言，新一代原生数字企业对其发展产生了巨大的冲击，例如，数字媒体正在颠覆传统的媒体形态，今日头条等新闻聚合器和微博、微信等社交媒体正在引爆网络，不但改变了新闻的传播方式，而且改变了读者对新闻生产过程和新闻品牌的认知；同时，新兴数字企业存在跨界竞争，如企业由传统数据服务领域进入通信设备制造和互联网接入市场。现阶段，数字化转型速度快、效果好的企业能够更快、更好地适应数字时代，更能在人才、资本和品牌的竞争中保持优势。

现阶段，无论是客户还是企业员工，其工作生活都越来越习惯和依赖数字技术。数字技术能够使企业线下实体空间和线上虚拟空间逐渐融合、协同进化，从而引起企业内外部互动方式的数字化调整和更新。因此，企业需要从战略角度理解和适应数字变化，制定数据驱动的决策，培养人员内部从管理层到普通员工的数字意识和工作习惯，使之采取措施主动学习应用数字技术，渐进式改变原有的流程、支持新的数字业务，以提升效率和推动商业模式创新，并在变化中更好地识别机会、抓住机会和创造价值。

二、企业管理与商业模式数字化

企业数字化管理能够以新的方式捕捉经营利润，建立起强大的客户和员工价值理念。从战略层面分析，企业应先确立数字化战略和阶段目标，确定关键负责人，制订详细计划，确保企业能够上行下达，逐步形成组织认同，同时可向组织外传递明确的数字化转型预期；此外，企业为更好地应用数字技术和适应数字化转型需求，应及时合理调整传统的组织结构，整合与数字化相关的业务或职能工作。随着商业活动数字化程度的提高，数据分析师等专业人才匮乏的问题逐渐显现，企业可以采取内培外聘的方式，为数字化人才提供适宜的工作环境，并根据数字战略更新企业文化。

数字平台是线上技术支持型的双边或多边市场商业模式创新，颠覆了传统行业游戏规则，创造出了新型社群市场，使原本相互竞争的企业、需求完全不同的消费者都成了给平台贡献价值的参与者。数字技术大大降低了数字平台运营对基础设施和有形资产的需求，数字化的信息、经验和数字系统都可以零成本地传递和复制，极大地降低了智力扩展成本。数字平台获益方式灵活多样，可以收取交易佣金、单方面收取服务费，也可以围绕平台数据提供市场营销、投资咨询和数据交易等服务来获取收益。同时，数字平台参与者规模、参与者之间互动数量的线性增长会带来平台价值的指数级增长，从而产生平台网络效应。

三、企业经营数字化变革

数字经济快速发展，数字化与全球化日益融合，数据流动成为全球化新的特征。数字信息对商业运营的驱动，数字技术和网络技术对产业的不断渗透，推动企业从流程驱动、中心控制的组织结构转变为共享平台、高度去中心化的新型组织结构，改变了企业生产运营的全过程。

（一）企业市场与营销数字化

与传统时代的市场相比，消费者在数字时代也发生了较大变化，过去消费者只是广告和商品的被动接受者，而在数字时代消费者也参与到了企业商业活动中，主动讨论和表达对产品的想法。同时，产品生命周期较之过去更短，市场也更加细化，且消费者的忠诚度也在逐渐降低，越来越多的商业活动发生在线上，各种渠道和模式应接不暇，消费者的购物渠道和消费方式更加多样，因此消费者在购买商品时更加注重个人的消费体验。为此，企业需要收集消费者数据，掌握顾客线上线下行为，整合企业创意与活动，通过内容和服务创造独特的用户体验，使消费者自动进行品牌推广。

数字营销是企业数字化转型的核心驱动。更好地应用数字技术和数字媒体建设数字品牌，提升用户线上线下一致性和便利性体验，与客户进行更多、更深入的互动是企业营销数字化转型的重要内容。网络社交营销是建立口碑和品牌的有效策略，数字媒体的内容和形式更为丰富，情感表达和互动性更强，通过数字媒体表达的数字品牌更容易被数字时代的年轻人所接受。而且，数字技术为创意提供了无限空间，这也是信息过剩时代抓住客户注意力的关键。为此，企业在线下经营基础上所新建的线上渠道和接触点，需要满足客户感知、消费过程、售后保障等线上线下的无缝衔接，鼓励消费者通过分享想法、共同完善设计、众筹、组建产品讨论组和粉丝社区等形式积极参与企业商业活动。

（二）企业产品与生产数字化

企业产品数字化通常是数字技术对产品形态和功能所进行的改变，其主要表现为以下三个方面。

第一，产品本身数字化，比如金融、教育等行业的产品和服务等数字化的实现，往往伴随着第三方电子支付、按需购买服务等商业模式创新。

第二，借助数字技术为产品附加更多功能，如在运动服饰内添加内置传感器记录客户的运动数据，此类转型常与市场细分和差异化创新密切相关，满足客户从科学锻炼到情感交流的多种需求。

第三，围绕数字技术对传统产品进行重大变革，如汽车工业企业开发无人驾驶汽车，此类转型通常更具颠覆性创新特点，具有彻底改变客户行为习惯或同类产品使用规则的潜力。

传统企业面临的生产数字化转型主要是产品在生产过程和服务提供过程中的数字化，如在产品生产中使用3D打印技术等。通过数字化技术与先进制造工艺融合的智能制造，可以提高生产效率，优化产品质量，满足消费者的个性化需求，提供智能化产品，加速企业服务化转型。生产制造要想做到敏捷、精益，就必须实现数字化，这就要求传统制造企业能够使用数字技术在完全虚拟的环境中建立模型、进行验证和仿真，将包括生产在内的所有前端和后端环节都集成到统一的数据平台，使生产过程变得更加柔性、灵活和智能。

(三) 企业商品与服务贸易数字化

数字贸易是以互联网为基础、以数字交换技术为手段、以互联网传输为媒介的，它不仅改变了企业商品和服务的生产和交付方式，还直接缩短了时空距离，降低了交易成本。互联网让共享经济、网络协作成为可能，通过线上线下融合、大数据与平台化，打破了地域、资源和成本的限制，其结果必然能优化贸易体制，简化企业贸易流程，增加其贸易机会。

数字贸易向客户提供的服务是知识密集型的，强调与客户之间的高度互动，更为重要的是数字贸易具有高度创新功能，在为客户提供产品服务的同时，企业作为数字贸易主体必须不断创新、吸收新知识、学习新技术，创造出适合技术和生产发展新要求的知识应用模式。因此，管理部门需要完善数字资源知识产权保护机制，积极应用数字融合管理工具，使信息技术应用与企业的组织、管理、流程等相匹配。

云计算、大数据、移动互联网、社交媒体等新技术的不断涌现，拓展和扩充了数字贸易产品服务的种类范围，为客户提供了更为广阔的商品服务选择空间和余地。借助数字技术，企业基于已有的优势资源，可以在全球范围内寻找需要的人才、供应商和合作伙伴，重新组织生产和创新，推出更丰富的产品线，适应和激发客户特殊化个性需求，满足实时性、交互性、低成本、个性化的需求。

第二节　数字经济视角下实体企业数字化变革的业绩提升策略

在数字经济时代，实体企业面临着数字化变革的迫切需求。数字化变革通过整合先进技术与业务流程，赋予企业更高的运营效率和创新能力。针对业绩提升，实体企业应重点关注以下策略。

第一，加快企业数字化变革步伐，促进数字技术与实体经济深度融合。在数字化转型中，实体企业是主战场，产业融合是关键。我国应把握新一代信息技术赋能传统行业的机遇，遵循产业发展规律，加强规划引导与政策扶持，创造条件，调动实体企业数字化变革积极性，推动移动互联网、大数据、云计算、人工智能与实体经济的深度交融，放宽融合性产品和业务准入门槛，扩大市场主体平等进入范围，不断释放政策红利，以政策促变革，以变革增效益。

第二，着力降低成本，提升实体企业数字化转型效果。降成本是数字化变革业绩提升的有效路径之一。在实体企业尚未全面转型之前，有必要持续推进"三去一降一补"，化解实体企业数字化变革压力，为降本减负提供良好的外部环境。实体企业要深刻认识到降本路径对企业数字化转型效益实现的重要作用，充分利用数字化洞悉市场信息，去除不必要的中间环节，优化内部流程与资源配置，提高快速响应客户需求的能力，通过降低交易成本和运营成本实现经济效益提升。

第三，推动提质增效，实现企业数字化变革业绩增长。数字化变革过程中，大数据形成的运营效率优势，成为业绩提升的新引擎。要持续推进数据要素市场化配置，加快财税、金融等制度改革，形成有利于实体企业提质增效的数字生态系统，为数字化变革企业业绩提升提供良好的条件。实体企业要紧抓数字化转型机遇，深入挖掘大数据的价值，利用数据信息的集成共享特征重构内部业务组合、协同方式和管理层级，探寻专业化、轻量化运营，强化供给质量与效率，以此更好地促进业绩增长。

第四，强化创新驱动，助力数字化变革企业高质量发展。创新作为数字化转型的关键动力，是实体企业新旧动能转换并迈向高质量发展阶段的重要举措。我国应加快建立以信息技术为基础、实体企业为主体、市场为导向的创新体系，推动先进数字技术拓展与应用，实现以中国数字技术驱动"数字中国"建设。同时，数字化变革企业要积极利用数字技术和跨界融合培育新产品、新业态、新动能，探索要素驱动向创新驱动转变之路，打破生产要素配置扭曲障碍，增强数据价值创造，通过改革创新，走在高质量发展前列。

第三节　数字经济下地方金融业转型升级研究

一、数字经济背景及发展趋势的认识

我国正处于经济结构转型升级和世界新一轮技术革命的交汇时期，资源驱动经济发展的道路已经行不通，经济发展亟待顺应时代潮流。以计算机技术为基础、数字技术为代表的新业态跃上时代舞台。随着数据价值的大幅提升和技术的不断创新，数字经济作为一种新的经济形态，已经成为经济增长的主要动力源泉，成为转型升级的重要驱动力，也是全球新一轮产业竞争的制高点。一方面，中央和各级地方政府持续推出一系列支持政策和措施大力推进数字经济发展；另一方面，各企业也在不断创新数字技术、推广普及应用。

近年来，移动互联网、大数据、云计算、物联网、人工智能等信息技术的突破和融合发展，促进了数字经济的快速发展。以互联网为代表的数字技术正在加速与经济社会各领

域深度融合，已经成为引领经济社会发展的先导力量，也成了后金融危机时代推动经济社会转型、培育新经济动能、构筑竞争新优势的重要抓手。以"BATJ"为代表的互联网巨头依托强大的技术积累及多年的场景打造，正在逐步改变着金融生态环境，传统金融业态采用单点模式做公司业务将难以长久持续。因此，抢占数字经济的高地，打造依托"大数据场景（产业）+金融科技风控"的产融协同、相互赋能的竞争实力，谋求转型发展，显得异常迫切。

数字经济时代，社会经济正处于深度转型期。全球产业集中度不断提升，如制造业、钢铁、能源、交通、医药等都在集中，产业迅速升级，行业分工细化，产业链正在拉长，产业链之间又嵌入供应链，这已经改变了企业的竞争形势和态势。现代企业的竞争不再是企业与企业的竞争，而是产业链、生态圈和数据链的竞争。面对数字经济快速发展的大潮流，各大型央企、金融集团迅速应对，积极探索数字化转型升级。中信集团与腾讯共同推进区块链、人工智能、云计算和大数据等技术领域的战略合作，探索实体产业的数字化转型升级路径，以区块链作为底层技术，帮助中信集团打通旗下各产业。各大银行集团加快推动建设"数据驱动型新金融"，以大数据驱动支撑，深度改变了客户选择、风险管理、产品设计、精准营销、资源配置和结构调整模式，极大提高了运营效率。

二、对数字经济下金融业发展的建议

"数字化转型过程中，作为生产要素之一，数据是第一重要的。在数字技术助力金融业转型的过程中，数据、场景和技术三位一体缺一不可，'无数据不金融、无场景不金融、无技术不金融'是大势所趋"[①]。信息科技的发展与金融的广泛融合，极大地改造了传统金融，使得传统金融行业在获客渠道、定价管理、风险管理、商业模式上发生了重大变化，甚至是颠覆性的改变，这也将是当前金融业差异化定位和转型升级的重要手段，尤其是地方金融业要主动加快金融科技布局，以消费金融、小微金融和供应链金融为抓手，打造"应用场景+金融科技"生态圈，借助大数据、智能风控、物联网、区块链等新技术，通过"调整"推动发展格局优化、发展动力转换、发展空间拓展，实现行稳致远。

（一）数字产业化构建场景风控平台

在数字化产业中选取金融科技公司基于金融涉及"客户、资金、风控、产品"四大关键要素，将立足于在"数字产业化"中选取优势金融科技公司，以"场景（客户）+风

---

① 张伟. 数字经济浪潮下金融业数字化转型的发展趋势 [J]. 中国银行业，2022（1）：48.

控=数字资产"对接资金端搭建合作平台。

（二）产业数字化构建数字化资产对接资金端

以"数字产业化"推动"产业数字化"，将传统产业多层供应链体系进行"四流合一"数字化整合，实现流程可视、风险可视的风控闭环；以数字化的底层资产对接资金端，构建新金融生态环境价值管理闭环。

（三）加快建设普惠金融扩容布局

随着各地数字政务建设的不断推进，逐步获取大量权威的政府及公共事业单位性质数据，并不断向前端场景进行延伸，具有数据权威和场景牵引优势。可围绕电子证照、法人库、个人库、信用库等数据金矿，搭建普惠金融基础设施服务平台，支持垂直细分行业新金融业务创新与孵化，推进小贷、担保、融资租赁、小微金融等业态融合，利用智慧城市建设的交通、医疗、旅游、文化、教育等多个领域推进"场景+金融"创新服务，共同打造智慧金融服务体系，带动传统金融业态的转型。

（四）推进消费金融公司的设立

我国经济已经从高速增长转变为高质量增长，消费成为拉动经济增长的最重要的部分。事实上，在过去几年里，我国的零售销售额以两位数的速度增长。我国经济的韧性源于消费者尚未被满足的需求。更重要的是，我国的消费升级是一个长期的趋势，不太可能因为利率上升而偏离轨道，因此，可加快设立消费金融公司。

（五）加快打造金融科技实力和金融科技风控能力

全面对金融科技进行探索，加强与有较强技术实力和运营经验的金融科技公司开展业务合作、场景合作、技术合作，增强核心竞争力。统筹进行金融板块业务系统架构设计，实现前中后台的集成、协同与交互。

首先，通过建立统一的数据仓、统一的客户身份管理平台和经营分析数据库，实现个人、企业及其他客户组织在整个金融板块的数据共享、调用以及全息画像管理。

其次，建立全面风险管理平台、资产路由分发平台和协同营销管理平台，实现全生命周期的资产审查与风险预警，打通各金融业态系统之间的协同交叉营销，以及与资金端的智能化无缝对接。

最后，后端打通与 ERP 之间各类数据交互，前端打通与各业务渠道平台交互，建立统一的 API 接口调用。

着手推进风险管理信息系统建设，推动以全面风险管理体系为核心的信息化风控能力建设。借鉴越秀金控在风险管理方面的优秀经验做法，借助金融科技在风险管理方面的成熟技术，结合地方金融发展的需要，研究建立覆盖各业态的风险管理数据库、风险管理信息系统等基础设施，由"人防"转向"机防"；完善风险管理治理架构、风险管理制度及流程体系，实现全流程管控目标；搭建风险偏好体系并建立向下属金融业态传导机制，实现风险偏好组合管理。

第四节　数字化背景下出版产业经济的发展研究

毋庸置疑，数字出版的出现直接改变了整个出版行业的格局，甚至为了迎合其发展，出版行业做出了一系列的变革与调整。"出版产业在数字化影响的背景下，也衍生出了很多的新的面貌，比如数字广播、电子书等。目前，人们的生活受信息技术的发展的影响，已经开始从传统的纸质书籍和报刊转变为电子图书"[1]。针对这种情况，出版行业应该适应其发展，做出有效调整，主动抓住机遇，以确保自身经济可持续发展。

虽然数字出版已经代替了部分传统出版，但是无法全部代替，出版业的未来发展格局肯定也是由传统出版和数字出版两种共同构建的。这两者都无法互相代替，却又相辅相成，共同构建一个良性的生产产业。因此，构建一个经济可持续发展的数字出版就需要双方的共同努力，其措施主要体现在以下方面。

一、构建产业生态，加强监督管理

传统的出版与数字出版其最大的区别就是版权问题。传统的出版有着实体的版权所有，一旦出现了一些问题，其版权很容易查清负责方，其流程也是一目了然，盗版的行为更是会受到严重的制裁。而数字出版却无法做到传统出版那样，特别是由于整个网络的开放性与混乱性，使得盗版行为频繁发生。其实，无论怎样出版内容与形式都应以创新至上，只有保护好作者的权益，才能使其不断创造出新的内容，也才有利于促进整个出版业的经济可持续发展。

---

[1]姚琳，代燕. 数字化背景下出版产业经济的发展探究 [J]. 现代经济信息，2018（10）：441.

二、完善产业链，打造低碳经济

完善数字化产业链条，形成低碳经济的数字化产业是确保数字出版发展的有效做法。数字出版产业的链条其实是产业生态下的一部分，包含了技术、运营、内容等各个方面，将其整合成一条完整有机的链条行业，可以给予广大用户最佳体验。与此同时，数字出版产业链条的完善与成熟是依靠整个行业发展的，是无法单独形成的，这也是数字出版的一大优势。传统出版的产业链就是极其模糊的，虽然依旧会选择一些固定作者，但是在双方洽谈中浪费了许多时间，导致其进度较慢。针对这个弊端，数字化出版就采用了授权邀约的模式，其效益得到显著提高。另外，低碳经济也是目前数字化出版发展研究的一大热点，而数字出版自身就是以低碳形式出现，更是符合了我国未来的发展方向。

三、科学行业规范，完善法律法规

数字出版对行业规范和法律法规的完善需求是不可缺少的。数字出版与传统出版不同之处就是数字出版存在于网络之中，借助网络平台，使信息流通和开放更加迅速，具有即时性。但是，这种流通，也造成了管理的困难。有些数字作品传递了一些暴力等信息，很多用户可能会无意间接触到，这对整个出版行业的市场氛围造成了不良影响。因此，这些现象的出现需要引起出版行业的高度重视，加大其引导与规范，甚至在必要的时候由国家运用法律来实施强制性规范。

第五节　数字化背景下我国酒店业的发展策略研究

一、数字化转型的框架与路径

数字化转型的最终目的是实现企业的转型、创新和增长，因此业务转型是数字化转型的目标，技术是数字化转型的基础。

数字化转型的架构是三个层面的重构，分别为重构思维模式、重构IT架构、重塑业务架构。重构思维模式需要改变和打开传统思维对企业范围、组织范围、流程范围、IT范围的固化边界；重构IT架构过程中，企业会经历电子化、信息化和智能化三个阶段，酒店业的信息系统已基本实现电子化，信息化还处于优化完善中，重构IT结构加速信息化的完善，实现智能化是企业数字化转型的重要基础；重塑业务架构中内部的生产和管理走向智能化，实现行业升级，提高产品与服务的质量，满足用户个性化需求。

企业数字化转型的路径主要包含以下四个阶段。

第一阶段，数字化认知与思维，企业对数字化有一定的认知与了解，认可数字化对企业的价值、对企业的推动作用。

第二阶段，数字化战略规划，确立以业务部门为主导，IT 起主导作用，重塑企业的商业模式、产品特性、提升客户体验、组织架构的改变与优化为主导思想和方法。设定明确的数字化短期目标和长期目标。

第三阶段，数字化实施，以企业高层为领导，依据计划落实实施，明确工作任务，定期进行阶段性成果考核与评价。

第四阶段，数字化推进与反思，定期的阶段性成果验收，总结经验、存在的问题，在后续实施中避免出现同类型问题。

数字化转型的基础是数字技术的应用，目前在酒店业的应用重要依赖的数字技术包括云计算、大数据、人工智能与机器人、物联网。酒店业在业务流程、组织管理等方面信息化、数字化的过程中，产生大量的数据及信息，传统的本地部署系统无法进行大量数据的处理，通过使用云计算技术处理数据，为企业数字化转型提供基础设施支持，也为之后企业级数据运算提供强有力的算力支持。

大数据技术就是信息矿产的开采和加工工具，使得在结构化数据之外，进一步发掘了多种数据类型和巨大数据体量下的商业价值。数据得以充分的洞察和流通，为业务创新、产业升级提供保障。

人工智能与机器人、AR/VR 等技术都相关，促使了产业智能化发展，智能化所要实现的目标就是用 AI 取代各个行业的人类专家，所解决的是人本身的问题，当前，人工智能正在多个专业领域超过人类专家的最高水平。

物联网是逐步实现网络智能化、业务生态化和运营智慧化的关键环节之一。物联网技术的通信对象是物和人，核心作用是进行物与物、人与物之间的信息交互。现实应用主要是物体感知、信息传输和智能处理。首先，通过二维码扫描、红外线射频识别和智能传感器等设备获取物体所带有的信息；其次，物体的信息通过互联网和无线网络实现实时、准确地传送；最后，利用智能技术对感知和传送的数据、信息进行分析处理，实现监测与控制的智能化。

二、酒店数字化转型发展方案

下面以杭州 M 酒店为例，分析酒店数字化转型发展方案。

（一）酒店数字化转型规划

酒店的数字化转型是应用数字技术对服务场景、业务流程、组织结构进行变革，能够提高宾客体验满意度、提升酒店运营效率、降低运营成本。酒店业整体已处于数字化转型的发展期，数字化是 M 酒店发展的一个机遇。数字化转型是一个长期过程，以最高领导为首，团队成员之间建立数字化的共识，设定数字化转型目标。M 酒店以实现业务及数据中台化、客户体验数字化，内部管理数字化为目标。制订长期和短期工作计划，各部门以计划为准绳，定期进行数字化实施的总结和复盘，并根据实施中遇到的问题和困难及时总结，动态调整数字化过程中的工作安排。

1. 数字技术方面

在数字技术方面，以物联网、云计算、大数据等数字技术为基础的软件服务逐渐应用于酒店业。M 酒店一方面是对已有的软件系统进行升级和优化，数据得到有效利用，酒店在主要业务方面已普遍使用信息软件进行管理，主要是客房餐饮的预定管理系统、人力资源管理系统和财务管理系统，借助云计算和大数据技术整合已有的系统，与计算可以联通系统，数据可以共享，大数据对产生的海量数据进行有效分析指导酒店运营。另一方面是引进智能化设备提升宾客入住体验，提高酒店服务的效率和质量。自助办理入住系统可以在高峰期缓解前台办理入住退房的压力，智能机器人协助酒店员工运送物品，客房内的智能家居根据顾客喜好，自动调节灯光、温度等各类硬件设施。

2. 市场营销数字化方面

随着移动互联网的深入发展，自媒体时代的到来，线上营销渗透率持续增加，短视频、直播等线上新渠道极大丰富了酒店营销渠道矩阵。M 酒店目前的营销方式以微信和传统媒体为主，营销重心应逐渐向新兴媒体倾斜，尤其是抖音、小红书等目标客户所在平台中，酒店独具特色的建筑风格、个性化的服务和多元化的场景体验，更有利于线上新渠道互动式、实时性的传播。在新兴平台中与酒店品牌文化相契合的旅游博主合作，依靠博主的粉丝量和知名度推广和宣传酒店。在营销渠道方面，以建构自己的粉丝群和流量池为出发点，自建酒店 App，借助微信小程序等方式，维护酒店的核心粉丝。减少对携程、飞猪等第三方平台的依赖。

3. 产品和服务数字化方面

M 酒店拥有得天独厚的自然资源和文化资源，充分挖掘和利用周边资源，丰富产品服务的多元性，提高产品的竞争性。酒店的定位是高端奢华酒店，酒店以标准化的五星级酒店为基础，注重服务的个性化和多样性。酒店不仅仅是商务出行的住宿场景，更是周末度假的游玩场地。

（1）M 酒店借助西溪湿地周边的洪园景区、摇橹船、国学文化馆等资源，丰富顾客在 M 酒店的活动场所，借助互联网平台，将周边的资源整合于酒店的客房、餐饮产品中，进行整体售卖。利用园区四季景色推出不同的游玩体验，春天赏花、夏天采莲、秋天摘柿、冬天捕鱼。

（2）客房和餐饮引入数字化的管理模式，在客房服务中，引入数字化布草管理，电子版的酒店介绍手册，电视一体化管理等模式；在餐饮服务中，使用电子菜单，引入餐厅、客房均可的扫码点单功能，可以减低酒店纸质印刷品的使用，降低成本，提高效率，同时符合低碳环保的理念。

4. 组织运营管理方面

M 酒店规模较小，对于业务流程、组织结构的变革也能根据发展需求进行灵活调整。

（1）根据数字化对业务流程和管理模式的变革，设置适应数字化转型的组织架构，IT 部门从工程与安保部门独立出来，与业务部门划为同一等级，主导酒店数字化转型战略的推进；市场营销部根据数字化营销工作的需求和特征，设置数字化渠道管理、数据分析等岗位。

（2）在人力资源管理方面，开发梵志人力资源系统中组织架构、薪酬管理等功能，人员管理全面实现数字化管理。在酒店行政管理方面，在梵志系统中嵌入钉钉软件，实现审批的线上化，同时关于请假等审批事宜和人员考勤、薪酬相融通。然后，在财务方面，主要是打通财务做账系统和采购合同系统，财务管理形成完整的闭环，无须人工借助办公软件进行手工绘制报表。数字化的财务管理也有助于酒店资金的管理和酒店运行的风险管控。

（3）在工程安保方面，借助智能化的工程系统管理软件，对酒店的能源管控设备、电梯、灯光等所有硬件设施实施一体化、智能化管理。全天候的智能监测及时发现问题尽快解决，并且减少能源损耗。智能化和个性化的调节，能够更好地满足客户的需求，提高宾客的在店体验。

（二）市场营销管理的数字化转型

营销的出发点是售卖产品和服务，以产品为基础，宣传的方式通过渠道传递给客户。互联网使得信息透明化，酒店能更精准识别目标客户，客户也可以了解到更多酒店，有更多的选择性。酒店营销以满足客户的需求，解决客户在住宿中的痛点，是实现酒店获得长期价值的重要途径。

1. 营销渠道数字化管理

渠道线上化连接到精准的客户群体，实现酒店线下线上联合运营模式。从 M 酒店商业画布模型中的渠道通路可知，酒店的销售渠道是以 OTA 第三方平台为主，主要是携程、飞猪和美团，业务量占酒店总业务量的 60%。其余 40% 来源于酒店自有渠道，包括酒店销售团队发展的企业会员、酒店官方微信和官方网站。在携程、飞猪平台掌握流量主导权，占据酒店越来越大的订单量、不断增加的渠道费用和更加严苛的合作条款下，M 酒店借助微信小程序、拼多多电商类社交，抖音短视频电商平台等新的销售渠道，通过双向互动形式，内容取胜的宣传和销售相结合的方式，吸引酒店的目标客户，发展其成为核心粉丝，构建酒店的私域流量，锁定核心用户。

目前新兴媒体小红书、抖音成为"90 后"的主要社交媒体，以内容驱动和情感共鸣获取关注和流量，社交类的内容渠道具有互动性、灵活性、参与度等优势，增加实体体验，数据分析更为准确。天然独特的连接优势是消费者发现品牌的优先渠道，KOL（意见领袖）话语权不断增加，个人渠道开始崛起，M 酒店在拓展社交媒体的宣传中，整合用户原创内容资源，寻找匹配的博主，旅游类、高端酒店类的自媒体，开拓酒店的软营销，提高目标客户与酒店之间相互匹配的效率。增强顾客忠诚度、激发潜在消费。

开发酒店品牌 App 渠道，从客人预期选择出行目的地，入住前的搜索开始建立联系，与客人之间建立双向沟通，客人可以从酒店 App 获取客房、餐饮的信息介绍，查看酒店周边娱乐信息。酒店也可通过 App 向客人发送新产品上新、住宿预定、优惠提醒等信息。客人入住后，可以在 App 内办理入住，预订酒店内的餐饮、娱乐服务，与服务员进行沟通。以客户为中心的线上渠道，实现线上精细化运营，App 用户都是酒店的目标用户，建立长期的联系提升顾客的忠诚度，形成酒店自己的流量。线下服务场景与线上运营相融合，数字化的服务闭环，酒店消费数字化体验。第三方平台的取消政策不受酒店的控制，现在出行会受更多因素的影响，在酒店 App 内向客户提供灵活的取消政策，避免由无法取消等原因降低客户对品牌的忠诚度。

2. 营销方式数字化管理

酒店宣传推广活动的成果取决于转换潜在客户的能力，优化活动的转化率是数字化的长期关注的指标，通过客户在网站停留时间、首页和预定流指标，优化宣传推广的内容和方式，改善用户体验，提高营销转换率。媒体宣传以广告投放为主，广告投放的成功关键是精准定位用户需求，在用户最需要的时候，将他们所需的产品和服务提供给他们。移动互联网和社交媒体贯穿整个客人的消费历程——客人搜索酒店、预订酒店、入住酒店、在店消费、离店退房。将移动互联网和社交媒体随时、随地、互动性和自动化、智能化技术相结合，线上渠道使得消费者随时在线，随时做出消费决策，营销也转变为随时在线的长期促销活动、季节性和特别促销相结合策略，更好实现营销目的。

互联网提供的信息透明化，旅行者在出行前，提早做好旅行攻略，研究旅行的吃、住、行所有的信息，选择最优行程。每一位旅行者都像专家一样，非常了解目的地信息。对未来消费者而言，也将有更多的信息为旅行者所用。掌握了丰富资讯的旅行者，希望能够在合适的时间、地点，获取合适的旅行信息。M 酒店通过预定和实时网络搜索的旅游意向信号等信息，推送个性化的广告。营销人员采取更为精准的营销策略和完善的数据策略，更有效的触达潜在的旅行者和酒店的忠诚用户。

数字化可实现酒店与客户之间双向互动式营销，酒店公众号、官方 App 平台、直播等方式与客户进行沟通，以满足客户需求为出发点，避免单项输出造成客户的反感，增加品牌亲和力。根据客户的需求，提供定制化的服务。广告投放方式，实现酒店客房内、外部环境的现场实时直播，360 度全景看房选房，客户真实感受到酒店的优质服务，激发购买的潜力。鼓励全员参与营销（内容营销），不仅从官方渠道进行宣传，员工参与营销，客户满意后通过互联网渠道，个人社交平台进行宣传。手机、电视和电脑上的流媒体应用程序极大地改变了消费者看电视的习惯，顾客开放共享让特色酒店专注改善服务体验，通过个体偏好"口碑营销"传播，让旅行者真实受惠。酒香还怕巷子深。酒店在满足客人隐私与不打扰的前提下，开始追逐"口碑传播"，"体验我们的服务后，给我们一个好评"，已成为一句通用的口头禅。除了第三方渠道评价，酒店注重点评，开启酒店全方位无死角点评时代。

（三）产品与服务的数字化转型

新消费时代的背景下，人们对于美好生活的向往日益增长，对于酒店的需求不仅是提供住宿服务，而是希望体验高品质、高颜值的产品服务。酒店在满足客户的住宿服务基础上，从标准化酒店向个性化、精品化、家居化转变，注重场景体验和文化内涵，引起顾客的情感共鸣。客户在酒店可以体验数字化创新科技，酒店成为品质生活的载体。数字化赋能酒店服务，打造新产品、新模式、新业态，满足个性化需求。

1. 客房产品数字化管理

数字技术帮助酒店提升服务质量、丰富服务多样性。在客房技术方面，引入智能家居、提供更加舒适便捷的住宿环境，客房内的高科技产品成为客人体验时尚家居的智能化服务的场所，不仅提供了更加舒适便捷的住宿环境，而且提升了客户的住宿体验。电视作为酒店客房的标配，优化电视场景增加客房娱乐项目，触动顾客打开电视。升级电视接口实现个人设备上的在线视频内容安全连接至客房电视进行播放，电视成为客人电子设备的共享平台，即可进行酒店客房服务管理一体化，线上线下的融通服务体系，推出酒店的在线服务，实现酒店订餐、体验课程预约、相关信息咨询的智能化。

在客房物品方面，利用数字技术掌握客户信息的数据，最大限度地实现拟人化、个性化，提供有温度的服务。如配备自带烘干、消毒功能的自助洗衣房、咖啡机等一系列自助设备，不断更新智能机器人的语音包、智能设备与顾客进行实时沟通、完善顾客合法信息采集、根据客人需求切换客房场景等。通过精心选配符合 M 酒店定位的产品，如床垫、茶具、精油、洗护用品等小物品，引起目标客户的共鸣。

在客房服务方面，利用酒店客房外的空间，创设娱乐化的场景，如手工艺课堂、书法绘画。"场"即空间和时间，"景"即情景和互动。M 酒店依托于西溪湿地，增加体验式服务，秋季的摘柿子活动、冬季的干塘节、夏天的采莲蓬，这些服务成就了消费过程的亮点，极大地提升了客户的住宿体验。在消费升级背景下，中产追求更高体验和情感共鸣，放大文化属性，将人文体验与基本服务相结合。M 酒店设置了专属的书吧和健身空间，精心挑选文学、艺术、历史等方面的书籍，重构了酒店的物理场景，在 M 酒店内体验人文的新式旅途。

同时，M 酒店客户群体以杭州周边城市为主，对杭州本地了解甚少，借助照片的形式，让客户走进城市的大街小巷去细细品味城市的厚度。以"冷、静、孤、野、幽"主题向会员和摄影师征集展现杭州当地特色的照片作为酒店的装饰照，让客户可以多角度更深入了解杭州，也可以激发客户探索照片地址的乐趣。酒店整合内部资源，提升酒店与客户的接触点，将其中个别重要的放大，可以带给客户一次满意的消费体验。

2. 餐饮产品数字化管理

通过商业画布模型中 M 酒店的核心价值和关键资源，M 酒店地处西溪湿地，酒店设计之初也是与湿地景观融为一体，将湿地的本地文化融于酒店的产品服务中，在餐厅和客房中加入湿地的元素，使用湿地当季的花草装点客房、餐厅，丰富酒店产品的文化内涵。

数字化的应用对酒店产品和服务不仅是场景改造，更是对酒店业务流程的再造和服务模式的创新。M 酒店客房服务是主体，餐饮服务是其重要组成部分。一方面，利用 5G、VR 等信息技术将两者连接起来，打破酒店目前单一住宿、吃饭感官体验，使客户沉浸于听觉、嗅觉、味觉、触觉的场景之中，体验的是具有"情感温度"的复合型产品，在体验中产生"共情"。另一方面，利用数字技术酒店可以提供有针对性、特色化的顾客服务，满足顾客的个性化、焦点式、延伸性的需求。

在餐厅方面，餐厅支持扫码点单，支持客房内扫码点单。提高服务的质量和效率，人工点单容易出现差错，扫码点单通过系统直接连接到后厨，在客房内进行扫描点单，由智能机器人将菜肴送至客房。M 酒店每间客房均有户外阳台，在客房阳台用餐，会激发客人拍照、分享等行为，在社交媒体上也是具有传播力的一个卖点，也能成为酒店产品的创新点。

客户管理是产品创新的源动力，数字化客户管理系统，目标是汇集所有客户数据并将数据存储在统一的、可多部门访问的数据平台中，实现更为高效且数字化的管理。通过对客户资料的收集和分析，以实现外部客户获取、精准营销和客户数据价值挖掘三大目标，从而实现酒店服务覆盖消费者全生命周期地闭环数字化体验。客户数据平台将为企业带来"真正的客户全景画像""更打动人心的客户旅程"以及"客户数据的单一真实来源"。客户管理系统则主要负责调查顾客入住满意度、建立顾客档案、处理客户投诉建议、客户回访等。互联网评价系统的普及对酒店服务起到监督作用，使得酒店服务更加规范，促使酒店提升服务质量，推动酒店产品不断创新。

第六节　基于数字化背景下旅游系统创新研究

智慧旅游借助物联网等信息技术对传统的旅游产业进行改造和创新，智慧旅游的建设发展将提升旅游者吃、住、行、游、购、娱各方面旅游消费环节上的附加值，满足旅游者个性化和多样化需求，增强旅游者的旅游体验；智慧旅游综合信息服务平台将逐步改变企业的经营模式，由于综合信息服务平台大大节约了企业的经营成本，因此，企业的传统经营模式将被引导至全新的智慧旅游系统平台之上，由传统的线下服务转为线上线下相结合、相辅相成的经营模式；智慧旅游的建设，完善和整合了旅行社、酒店、导游、景区等行业管理系统，形成区域内数据统一、信息共享的信息系统架构，实现了旅游行业的科学监督与管理。

综上所述，与传统旅游相比较，智慧旅游改变了旅游者的行为方式、旅游企业的经营和管理方式、旅游管理部门的监督和管理方式，实现了旅游行业新业态，旅游市场的供需关系也随之改变等，这一系列的变化必然导致旅游系统的构成要素、要素之间的关系、系统流程、系统与外部环境的关系等也相应发生变化，由于系统的自我调节功能，系统的属性和功能也相继发生改变，即旅游系统实现了创新。这种创新本质上是由于智慧旅游中物联网等信息技术的应用而产生的。

一、旅游创新系统和旅游系统创新

(一) 旅游创新系统

要界定旅游创新系统内涵，首先必须弄清产业创新系统的含义。产业创新系统来源于国家创新系统理论，区域创新系统理论、演化论、进化经济学理论和技术系统理论，是一个以系统思维来研究产业技术、组织、管理、制度、市场和营销等创新问题的新兴研究领域。

随着创新系统理论研究的不断深入、在其他产业实践成果的不断丰富，创新系统理论在旅游业中的应用也开始被关注和重视。在产业创新系统概念的基础上，把旅游创新系统理解为是由旅游产业链上的旅游企业、旅游者、旅游管理部门等创新行为主体以及产业链之外的技术、环境等因素构成的网络组织系统，该系统以技术创新为核心，充分发挥各行为主体在社会分工和创新上的优势，实现信息共享、资源互补、协同开发、联合创新，进而提高旅游业的整体竞争力和可持续发展能力。

(二) 旅游系统创新

系统创新是对系统的属性和功能进行改变从而实现创新，具体来说，是对系统的构成要素、要素之间的关系、系统结构、系统流程及系统与环境之间的关系进行动态的、全面地组织的过程，以促进系统整体功能不断升级优化，是一项创新的组织管理技术。系统创新包括技术创新、组织创新、管理创新、制度创新、产品创新、市场创新和营销创新等方面。这里的旅游系统创新是基于智慧旅游视角，而智慧旅游是旅游信息化高度发展的产物，其核心就是通过物联网等信息技术，实现旅游产业链上信息的无缝链接，旅游系统中各子系统之间实现互联互通。

这里所说的旅游系统创新实质就是在旅游业中通过物联网等信息技术实现旅游业的技术创新最终实现整个旅游系统中的组织创新、管理创新、制度创新、市场创新和营销创新。借用系统创新的定义，旅游系统创新内涵为：通过物联网等信息技术，改变和完善传统旅游系统中信息采集、捕获、传输和处理的方式，以及信息在各构成要素之间的"交流方式"，实现信息共享，达到对旅游系统内部进行全面、动态组织的过程，从而促进旅游系统整体功能不断升级优化。其核心功能是促进旅游全面创新，形成旅游新业态。

二、旅游系统创新模型构建及分析

（一）旅游系统创新模型的组织结构

1. 旅游客源市场子系统

随着旅游者日益成熟的个性化、多样化需求的增加，旅游市场现有的需求供给模式已经不能满足旅游者的需求。而需求在产业系统创新中起重要作用，是刺激创新和调整创新活动的主要因素。此外，新需求的出现或者现存需求的转变一直是产业系统创新转变的主要原因。从这个层面看，旅游客源市场子系统是系统创新的外部动力来源。根据旅游市场环境，将旅游客源市场子系统分为国内客源市场和国际客源市场。该系统主要通过对旅游者在旅游决策期的行为分析，从而获取旅游者在整个旅游活动中的旅游期望值（包括旅游花费、旅游体验、旅游服务等），从而揭示旅游市场特征，为其他子系统提供有效信息。如旅行社的线路规划、旅游目的地的营销、服务等。

2. 旅游目的地吸引力子系统

旅游目的地吸引力子系统是指旅游目的地对旅游者产生吸引力的各种资源和要素的总和。包括旅游吸引物，如自然、人文旅游资源等；旅游基础设施，如景区道路、指示牌、停车场等；旅游服务，如导游服务、医疗服务等。旅游目的地吸引力子系统是系统创新的基础，是刺激旅游者产生旅游动机和行为的关键因素。该系统主要进行旅游资源分析、旅游设施分析、旅游服务分析。资源分析是指根据旅游者的旅游需求对旅游目的、旅游资源进行开发与建设的可行性分析。设施分析是指分析旅游目的地基础设施，包含吃、住、行、游、购、娱六大要素，如酒店宾馆设施、交通设施，景区的基础设施（停车场、公厕、医疗点等）、娱乐设施和购物设施等。通过分析它们的利用状况以及旅游者的体验满意度，做好进一步的规划建设，进而优化旅游目的地的旅游环境。服务分析则侧重分析为旅游者提供的旅游服务与旅游体验之间的关系。除此之外，还应该对来目的地旅游的旅游者特征和偏好进行分析，做好市场预测。

3. 旅游企业子系统

系统创新模型中的旅游企业子系统是指为旅游者提供旅游产品，商品和服务的企业集合，在整个系统创新中起连接通道的作用，是连接旅游客源市场子系统和旅游目的地吸引力子系统的桥梁。该系统主要是对旅游者旅行方式的知觉特征、旅行方式的选择模型、旅行的时空分布与空间类型以及旅行线路的设计组合等。

4. 旅游支撑与保障子系统

旅游支撑与保障子系统是指为旅游系统创新提供基础性支撑作用的产业部门，包括政策保障体系、组织保障体系、财政金融保障体系、环境保障体系、制度保障体系等，该子系统不是独立存在的，必须依赖于其他子系统，为其提供保障与支撑。我国是社会主义国家，旅游发展至今，政府一直扮演着关键角色，除了旅游法规、政策的拟定、执行和推行，同时还是旅游资金的主要筹措者、投入者，旅游规划的设计者、实施者，旅游教育、科研的组织者。除此之外，人力资源、正式非正式制度、协会、环境，对系统存在和运行也起着重要作用。因此，旅游支撑与保障系统的实际运作，直接影响旅游系统的稳定。

5. 创新技术子系统

创新技术子系统是整个系统创新的核心，从系统论的角度看，构成旅游系统创新的技术创新要素是多种多样的，也是多层次的。从功能上看，创新技术子系统是旅游系统创新的供给系统。从结构上看，创新技术子系统是以物联网技术为核心，其他信息技术如移动通信技术，智能终端等为辅助，具有特定结构的技术体系。为了便于研究，只着重探讨物联网这一核心技术的创新能力。这些多种多样的、多层次的技术创新要素并不是孤立地存在着，而是相互配合协调发展从而构成一个整合性的能力系统。该系统主要包括创新技术的研究与应用、技术成果产业化平台以及创新技术在旅游企业中的扩散，同时能确定相应的扩散机制，以及能对整个系统内创新技术的性质进行准确评估，并具有不断培育系统创新接收相关新生技术的能力，畅通创新技术的流动渠道，在技术系统内建立并形成一系列充满活力的技术创新中心，保障创新技术子系统的高效运行。

在本模型中，把旅游看成一个大系统。这个大系统由旅游客源市场子系统、旅游目的地吸引力子系统、旅游企业子系统、旅游支撑与保障子系统和创新技术子系统五个部分组成。其中前三个子系统以市场需求为纽带，形成一条供、需、产、销紧密结合的旅游链。具体地说，就是旅游者产生旅游动机需要通过旅游企业获取相关信息和服务，通过旅游购买、借助各种交通方式抵达旅游目的地，达到旅游体验，此时旅游活动形成。

与此同时，旅游目的地在向旅游者提供资源（旅游吸引物）、设施、服务的同时需要分析来目的地旅游的旅游者特征（年龄、职业、性别等）和旅游偏好，进一步优化目的地的旅游环境和服务，通过旅游营销，使自己的产品和服务到达客源地，进一步刺激新的旅游者产生旅游动机，如此循环，从而形成旅游产业链。旅游支撑与保障子系统相对独立，且处在辅助地位，但其重要性绝对不能忽视，我国旅游业发展过程中，政府一直起着主导作用，政府颁布的政策法规、资金的投入等都会影响整个系统。

除此之外，高校对专业人才的培养、科研机构的科研成果、社会环境等都会对整个系统创新产生影响。创新技术子系统在整个旅游系统创新中处于核心地位，创新技术子系统的根本功能是整合分散在各子系统中的信息，集中处理，实现信息在整个系统创新中高效流动和共享，从而将其他四个子系统相互联结，实现互联互通。

（二）旅游系统创新的运行机制

系统要健康有序地运行，就必须使系统内部各子系统及其构成要素之间相互契合与匹配，这也是系统功能实现的基本保障。那么分析系统的运行机制就显得尤为重要。旅游系统创新运行机制的分析是系统健康有序发展的保障。运行机制的分析要从系统的要素、目标和机理的角度，对系统创新的特征、所处阶段以及发展方向进行科学判断。保证各个子系统的有效运行和衔接是系统创新运行机制分析的主要内容。

1. 动力机制

系统创新是一个动态、复杂的过程，创新活动的产生是多种动力相互交织、相互影响的结果，从创新活动的供给动力和需求动力两方面加以分析。而供给动力来源与两个方面，即外部供给动力和内部供给动力，具体如下。

（1）外部供给动力，其主要来自：①传统旅游业向现代旅游业发展的总体目标。②旅游产业结构优化升级的需求。③旅游市场日益激烈的竞争。④我国扩大内需的消费需求。⑤现代信息技术迅速发展。

（2）内部供给动力，其主要来自：①旅游企业自身发展战略的需求。②利润的驱使。③突破技术创新瓶颈的需求。

（3）需求动力，其主要来自：①旅游市场结构的变化，导致的市场需求发生变化。②旅游者个性化需求以及对旅游信息日益强烈的诉求。

上述一系列动力共同作用促进旅游系统创新的开始和发展。

本模型中，供给动力和需求动力共同作用于系统创新活动的创新主体，创新主体是"集合受力点"，由于供给动力和需求动力的推动和驱使，各创新主体通过创新技术子系统创新将上述动力作用的结果扩散到系统内部各个要素，使得系统组成要素的属性发生改变，从而促使旅游系统创新机制开始运转并产生创新活动。创新活动一旦产生，在外部创新动力不断驱使以及创新要素的不断投入（主要是现代信息技术的持续进步）共同作用下，创新活动持续进行，进一步改变原有系统的属性，这个结果再次反作用于旅游系统创新主体，从而激发新的创新需求，这种需求再次推动旅游系统创新开始新一轮的创新活动，如此循环，系统也在这个循环过程中不断向前发展。

在我国，政府在产业系统创新的过程中处于主导地位，所以在整个创新活动的初期，首先，要充分发挥政府在系统创新运行初期的推动和扶持作用；其次，在市场经济新体制下，企业的创新是产业实现创新的基础，整个创新活动中，要重视培育系统中的旅游企业成为创新主导角色，因为只有旅游企业不断实现创新并从中得到利益，才能持续推动整个旅游产业实现创新，保证系统创新进入长期的良性运转轨道。除此之外，旅游者的消费观念、外部宏观环境等因素也是系统健康运行的保障。

2. 支撑与保障机制

首先，旅游业涉及吃、住、行、游、购、娱，等多行业，创新活动的回报周期长，投资和技术创新的风险都比较大。其次，经过近些年市场及大环境的培育，物联网等信息技术信快速发展，不断成熟，现代信息产业已经形成一定的市场规模，其应用领域也不断拓宽，但是，物联网标准体系还没形成制定，虽然国际上一些组织，如欧洲电信标准研究所（ETSI）、国际电信联盟（ITU）、国际电工协会（ISO/IEC）等对物联网标准制定做了一定程度上的研究，但目前研究成果主要处于架构分析，需求分析阶段。物联网在旅游业中的应用缺乏参考标准，具有一定的风险。所以，必须有一套支撑与保障机制来保障旅游系统创新的稳定运行。

在我国，旅游系统创新保障机制主要依靠政府通过制定和推行法规政策、系统创新初期的资金投入、网络基础设施建设和信息标准服务保障等来保障创新活动的顺利进行。而政府的这些措施势必会涉及其他创新主体的创新利益和创新权益，所以，一套完善的旅游系统创新支撑与保障机制应该是一种多元化的保障机制，除了政府，比如，系统创新主体的旅游企业、旅游者、相关的社会组织等也应当给创新活动予以支持。这样不仅可以为系统创新活动提供相应资金、政策和技术的支持，更重要的是，它还能够通过系统内部的组织网络来降低或分担单个创新主体的风险和压力，降低单个企业或组织的创新带来的风险，给各主体带来收益，产生良性互动，从而进一步激发和增强旅游系统创新活动的动力和创新要素的吸纳能力，保障系统创新的持续性。

虽然支撑和保障机制涉及的参与主体众多，但从目前中国旅游业发展的实际环境来看，政府在产业创新保障机制中一般处于绝对主导地位，在很大程度上是保障机制的主要支持者和供给者，特别是物联网的关键技术和前瞻性技术需要政府的资源、资本和政策的支持，同时在技术开发、技术运用、资源配置中也占有举足轻重的地位。

3. 导向机制

旅游系统创新是一个动态演化、复杂的过程，系统要健康有序向前发展必须引入完善合理的导向机制，通过导向机制来确定系统内创新要素的引入（如信息技术的引入、扩散、人力资源的投入、资金投入等），同时确定创新要素在系统中作用后旅游产业发展的战略方向，从而以此为依据对各种创新要素的投入进行调控和引导，确保整个系统运行的稳定性和可控性。旅游系统创新的导向机制主要是借助系统内部各子系统间、系统与外部环境之间的信息交流来确定旅游市场需求，调整市场结构，再将结果反馈给系统，通过整合和调整系统内部各要素的基础上，来确定具有战略意义的创新投入和研发领域。在系统实际运行中，结合旅游系统创新模型，其导向机制主要作用在以下两个方面。

（1）通过预测系统外环境的变化（如物联网等信息的产业的变化、技术的研发成果等）、国内外旅游市场需求和供给关系的变化、旅游者需求的变化等，来优化创新要素的配置和整合，并由此确立旅游系统创新的目标定位。

（2）通过测度信息产业中能运用到旅游系统创新中信息技术的特征、创新规律和生命周期，来确立新信息技术运用到旅游业中的融合点和突破点，并由此建立旅游系统创新的技术跟踪。从目前物联网等信息技术的发展实际情况来看，物联网等信息技术在旅游业中的应用仍处于摸索阶段，实践成果较少，因此，创新技术在旅游系统中的扩散，以及旅游系统内部对创新技术的接受能力，在很大程度上将决定着旅游系统创新的运行和发展方向。

4. 反馈机制

系统创新是动态运行的，要保证其健康有序的运行，系统必须根据内外部环境的变化及时反馈从而自我调节。系统创新的反馈调节机制是该系统的导向与控制系统。系统的运行效率取决于各个层次的要素相互作用至彼此容纳，也就是动态平衡态势，系统运行处于最佳理想状态。当各个层次的要素不能相互容纳时，系统的运行就处于停滞状态。这就需要系统与外部进行信息交流，这种信息交流以创新技术子系统为支撑，通过物联网、网络技术、通信技术等创新技术来感知采集、获取、传输和处理信息，并将信息传输至系统内部的各个要素，与原始信息相比较，从而系统自动增加和删减要素，与外界环境的变化相匹配，从而重新处于平衡状态。这种信息的流通在系统内外部形成一个"泛在网络"，始终把系统维持在一个平衡点上下"振荡"，这个平衡点由旅游市场的需求和供给的关系决定。

旅游系统创新的运行机制包括创新的动力、支撑与保障、导向、反馈机制等，根据旅游系统创新的模型相关分析，不难看出，旅游系统创新的运行以市场需求和供给为主线，其中市场需求为系统形成和运行的主要动力，以旅游支撑与保障子系统为保障，以创新技术子系统为核心。智慧旅游实现了旅游市场信息的整合和共享，原有的旅游需求和供给平衡发生变化，这种变化导致旅游系统中的各要素也相应发生变化，从而深刻影响体验、服务、经营、管理的方式。最终实现旅游系统创新，即技术创新、服务创新、管理创新、组织创新以及资源配置方式创新，从而提高旅游产业竞争力和可持续发展的能力。

第七节　数字化对我国农业经济发展的影响

乡村振兴的本质是农业农村的高质量发展。我国"十四五"规划和2035年远景目标纲要中提出了要发展壮大新型农村集体经济。《中共中央 国务院关于做好2023年全面推进乡村振兴重点工作的意见》中明确了深入实施数字乡村发展行动，推动数字化应用场景研发推广，加快农业农村大数据应用，推进智慧农业发展。

因此，促进农村经济高质量发展，对稳定农村产业发展、推动乡村振兴、实现农村治理现代化、实现共同富裕具有重要意义，是推动农村经济高质量发展、实现我国现代化建设的必然选择。

数字化对我国农业经济发展的影响体现在以下三个方面。

一、激发农村产业发展活力

受地理环境、交通建设以及文化理念等多方面条件因素限制，在农村经济发展的过程中，仍以农业第一产业为主要经济发展支柱。

农村地区具备丰富的土地、森林等资源，尽管在农村地区发展制造业、工业等不具备充分的条件，但传统的农耕文化、手工编织技术、乡村旅游等成为农村地区新型发展路径。

在农村地区构建智慧农业服务平台，加速农业生产、流通、运营等各个环节与信息技术融合，可促进传统农业生产方式转型，推动农村地区传统农业改革，并实现农村经济发展从粗放型经营模式向集约型经营模式转变，不断丰富和优化农村地区经济发展的产业类型和结构，包括新型农业、绿色农业、乡村旅游等，实现农业产业转型和升级，不断增强农业发展的内生动力，尤其是高新农业技术、新型机械设备的引入等，促进农业现代建设和改革，培育更多新型农民，为农村地区的产业发展和优化提供更多活力。

二、促进农村农业创新和拓展内循环

随着我国经济发展，城镇消费市场已经逐渐进入相对饱和期。随着全球经济增长"疲软"，拓展我国市场内循环势在必行。推动数字化农村经济高质量发展，在新型农村创新创业浪潮下，吸引有志青年扎根农村，不仅可为新型农村、农业的发展注入新力量，同时对促进我国经济内循环、扩大市场内需具有重要意义。

三、提高农村居民生活水平

随着城镇化进程的加快，农民进城务工进一步加剧了农村劳动力的流失。推动数字化农业经济发展，将以新兴业态数字化信息技术为基础的电商深入农村地区，构建和完善电商公共服务体系，可改变农业生产方式和农产品流通方式，优化农村地区农业产业，为农村地区创造更多就业岗位，提高农村居民的收入水平，改善农村地区的生态环境和人文环境。

第 九 章
数字经济时代下企业的核心竞争力发展规划

第一节　企业核心竞争力

"核心竞争力是企业在有效积累、培育和整合其内在资源与能力的基础上生成的、可借以获得并长期维持其市场竞争相对优势地位与良性可持续发展态势的能力。"[1] 企业核心竞争力是企业在市场中获得稳定发展的主要力量，包括技术、人才、品牌、管理、文化、理念等多个方面。企业核心竞争力是企业在市场发展中具有无法替代的优势，能够获得市场以及社会各界的认可，并长期保持良好的发展前景。所以，企业核心竞争力是企业在发展中不可忽视的优点，是促进企业长期发展的关键，不是在某一时期促进企业短期发展的某一因素，必须是能体现企业特点。核心竞争力直接影响了企业的市场地位和经营规模，同时也会对企业的长久发展和市场地位带来重要影响。目前，企业核心竞争力主要包括以下七个方面。

一、专利技术

一直以来，技术都是企业获得市场竞争力的关键因素，企业拥有专项技术和专利产品总能够做出品牌，占领某一个市场的稳定地位。专利技术主要指的是我国技术研发中的高端技术，能够填补我国某一领域的技术空缺，对国家经济或社会建设发展带来了巨大的影响。因此，当前大部分企业都十分注重技术研发和技术创新，始终将提高技术质量放在企业发展的重点位置，只要企业能够不断研发新的专利技术或者在某一技术领域不断获得最大成果，就能够保持企业的核心竞争力，使企业在市场中具有强大的竞争力，保障企业的稳定发展经营。

---

[1]李德荃. 企业核心竞争力透视 [J]. 山东国资，2023（Z1）：104.

二、创新能力

创新也是影响一个企业发展的关键内容，而企业创新包括多个方面，分别是制度创新、管理创新、技术创新、产品创新。随着我国数字化时代的建设，企业都在不断地创新发展，要求企业的生产、经营、管理符合市场经济和社会需求，建立具有时代特点的企业发展模式。目前企业创新主要包括三个层次：一是技术创新，通过技术创新来降低成本，提高质量；二是管理创新，通过实施与社会发展相吻合的管理方式，以管理带动企业发展，构建良好的企业内部经营环境；三是知识更新，企业必须在经济社会的时代发展背景下，积极学习各种先进的知识理念，更新企业的生产经营与管理理念，加快企业的发展步伐。

三、个性管理

企业管理也是建立企业核心竞争力的基础组成部分。随着数字化时代的不断发展，企业也必须不断调整管理方式、工作制度、考核方式，既保障企业与社会的统一发展，又强调企业的个性化特色。所以，个性管理也是提高企业核心竞争力的关键，企业必须适应内外部环境变化，将我国传统企业管理思想与西方先进管理思想相结合，形成一体化高质量企业管理制度，使企业的管理成为促进企业发展的基础保障。

四、市场网络

企业竞争主要指的是企业在市场中与其他企业的竞争，而市场网络主要指的是企业与其建立牢固合作关系的商业伙伴，包括普通消费群体、企业以及政府等多个方面。拥有良好发展前景的企业总能在市场中建立强大的市场网络，与各区域企业及部门展开密切合作，巩固企业的市场地位，通过战略合作伙伴的关系，保障企业的稳定发展与进步。

五、品牌形象

品牌是影响企业市场口碑和市场经营规模的关键，同样也是企业发展中无形的核心竞争力，一般情况下品牌可以用来识别产品或服务。因而，品牌是企业经营中的概念组成部分，比如，食品企业就会将食品安全、绿色经营等理念作为提高企业竞争力的方向。企业必须找到自己的品牌形象并塑造品牌形象，才能加深企业在市场中的地位及印象，提高企业的辨识度和信任感。

六、特色服务

当前，我国市场经营主要是以消费者为主体，企业必须为消费者提供优质的服务，才能获得良好的市场竞争力，而与服务相关的核心竞争力主要指的是能够给客户带来心灵或利益上的满足与信任。企业必须站在客户的角度为客户提供满意的服务，尽自己所能解决客户正在面临的问题，承担经济利益与社会责任，让企业真正能够服务于客户。除此之外，企业的特色服务也是非常重要的一部分。

七、企业文化

市场价值、社会价值、发展价值以及企业精神都属于企业文化，也是构建企业竞争力的核心内容，企业文化直接影响着企业员工及企业的生产经营行为，并在市场决策方面展现了企业的独特性。正常情况下，只要企业形成了具有本企业特点的企业文化与经营理念，并运用企业文化管理企业生产、经营等各个方面，就能够促进企业文化健全发展，营造良好的企业工作环境和工作氛围，进一步为提高企业核心竞争力打下基础。

第二节　数字经济时代对企业核心竞争力发展的影响

企业核心竞争力是企业能够获得长期发展优势的能力，随着数字化技术及全球化发展的不断进步，传统的经营模式已经无法再适应现代社会发展，因此必须在数字时代背景下以全新的理念构建企业核心竞争力，顺应时代发展的潮流，促进企业能够获得稳定发展。为了让企业在数字化时代背景下获得良好的核心竞争力，就必须分析数字时代对企业核心竞争力带来的影响。

一、全面提高企业的生产管理水平

在数字化时代背景下，各种现代信息技术被广泛应用于企业的生产经营管理，一方面，企业可以运用大数据、云计算、区块链等数字技术，将技术人才管理、市场管理、企业管理、品牌管理有效整合，加强各要素之间的联系协调管理，使各个领域发挥优势，保障资源利用最大化，提高企业生产经营结构的管理质量；另一方面，数字化时代也能够帮助企业利用好各种信息技术为企业各部门之间建立良好的沟通协调契机，实现企业各部门的无距离沟通，加强项目技术以及各项企业工作的衔接与实施，全面提高企业生产经营管理的水平。

二、提高企业的市场竞争优势

在数字化时代背景下，企业产业制度和发展制度都发生了巨大的变化，市场竞争逐渐加剧，给企业核心竞争力带来了挑战。但是，数字化时代也是企业的一个发展契机，给企业塑造核心竞争力带来了巨大的优势。因为数字化时代背景下各种数字化技术能够为企业生产经营带来便利，同时也能够加强企业数据信息的处理能力。在此过程中，企业能够利用好各项数据信息实施专利技术研究、人才管理、企业营销等工作，在促进自身发展的基础上运用数字化技术完善企业内部结构，提高技术研发优势，推动企业发展，进一步提高企业的市场竞争优势。

三、帮助企业不断扩大市场规模

在数字化时代背景下，企业的市场经营方向变得更加广阔，企业能够通过数字技术加强与国内外企业及市场的联系与合作。同时也可以利用数字技术对企业以及市场进行动态定量分析，掌握自身发展的优势以及竞争对手的信息，在投资、研发、拓展等方面及时发现机遇与挑战，有效规避风险，提高企业竞争优势，使企业更好地融入市场，适应市场发展。所以，数字时代有利于让企业掌握正确的市场经营方向，并在正确的方向持续扩大经营规模，提高企业的核心竞争力。

四、扩大企业的品牌影响力

在数字化时代背景下，各种现代技术的应用具有非常明显的特征，比如，信息传播速度快、数据整合能力强等，都有利于促进企业获得进一步发展。再比如，在企业的生产经营过程中，企业能够通过数字化技术及时掌握客户需求以及市场发展现状，利用品牌理念、企业专利技术进行研发设计，使企业的服务、产品与理念更加符合时代需求，能够让客户接受并了解品牌，提高品牌的市场影响力。同时也可以利用好各种数字化技术加强企业数据的分析与应用，建立特有的数字化企业品牌形象，进一步扩大企业品牌的影响力。

第三节　数字经济时代下的企业核心竞争力建设研究

"随着经济社会的不断演变，当前社会已经进入了一个全新的发展时代——数字化时代。在这一时代背景下，企业具有更多的发展前景、发展机会，同时也面临着极大的竞争压力，所以企业必须真正认识到数字化时代对企业发展产生的正面及负面影响，分析企业核心竞争力的构建方法，通过有效方式提高企业核心竞争力，促进企业能够在数字时代背景下获得持续发展。"[①]

提高企业核心竞争力可从以下方面实施。

一、了解数字时代，以创新提高企业核心竞争力

当前我国正处于数字化时代发展的重要阶段，以数字经济为核心的发展格局将全面带领我国经济社会发展，如果企业错过数字化时代的发展契机，就相当于错过了一个时代的发展。对我国数字化时代背景下的宏观经济形势进行分析后可以发现，当前全球经济应以稳定创新发展为目标，企业必须保持持续性创新的良好意识，在颠覆传统经营生产模式的同时拥抱数字化时代，认识到数字化时代对企业发展带来的巨大契机，对企业内外部展开战略规划，以强化企业数字化建设与数字化管理为方向。

一方面，企业需要对当前的发展形势进行评估，了解企业生产经营中存在的问题以及核心竞争力在市场中占据的优势，将各种数字化研究成果运用到企业自身的管理与生产经营当中。

另一方面，企业需要制定柔性的动态管理制度，将分散性决策、灵活性管理、协调性沟通运用到企业的生产经营管理当中，比如，企业可以利用数字化技术健全企业员工管理制度，对企业员工实施过程性考核，提高员工的工作能力。另外，也可以为员工构建开放性学习和意见反馈平台，积极了解员工的工作状态和工作需求，实施扁平化管理，提高管理工作的连续性、协调性和系统性，保障企业各部门之间具有良好的联系与合作关系，构建良好的企业内部管理状态。

二、坚持服务于客户，构建高质量数字化服务平台

不管在任何时代，客户都是影响企业长期持续发展的根本原因，技术投入、管理投入是提高企业竞争力和吸引力的一种方式，在获得客户之后，企业应将核心竞争力的重点放在客户的服务与维护当中。企业必须考虑客户的需求，为客户提供良好的服务，获得客户的信任、依赖和肯定，才能更好地体现企业的核心竞争力。因此，企业必须基于数字化时代发展带来的契机，为客户提供完善周到的服务。

[①] 李白. 数字化时代企业核心竞争力研究 [J]. 商业观察，2022 (28)：37.

首先，企业需要建立数字化服务平台，通过数字化平台准确分析客户需求，针对客户需求实现精准营销，保证做到"想客户所想，做客户想做"，提高客户的满意度。

其次，企业需要建立功能更加全面的数字化客户服务平台，建立线上会议、线上展销等功能，让客户能够随时随地了解企业的产品技术，并通过数字化技术实现远距离无障碍沟通，尽可能地缩小因地域差异而出现的客户流失问题。

最后，企业要利用好区块链、物联网等技术建立可追溯、可查询的客户服务板块，将服务每一个客户的服务经过记录在数据系统当中，保证每一笔交易、每一次服务都能有记录可查、有方案可借鉴，减少不必要的"面子"性服务，给客户带来切实的高质量服务体验。

三、加强技术研发，积极开展教研合作

技术创新与技术研发是企业核心竞争力的主要体现形式，拥有核心技术的企业能够在行业中占据重要地位，因此企业必须针对技术研发这一方面与各领域展开密切合作，运用好数字化时代带来的发展契机，推动企业的核心技术研发成果，带动企业的发展与成长。

首先，企业需要与地方高校建立密切合作，根据企业的实际生产经营与地方高校建设项目孵化基地，由高校教师、学生与企业共同参与到项目研发当中，由学校为企业的项目研发提供理念和技术支持，企业则为学校提供实践场地和资金支持。

其次，企业可通过大数据技术准确分析与企业经营类目相关度较高的高校专业，与高校展开积极交流，筛选与企业生产经营类目高度吻合的高校，展开人才引进与培养，可聘用高校教师作为企业的技术顾问，为企业提供技术研发和生产支持。

最后，企业可以通过高校为员工提供学习环境要求，企业员工定期到高校旁听，学习与本企业经营内容相关的理论知识，扎实企业员工的理论基础，使其拥有更好的工作能力，服务于企业的生产研究，最终提高企业的核心竞争力。

四、加强人才引进，筛选高质量数字化人才

数字化产业转型是促进我国企业发展提高企业核心竞争力的必要途径，也是新时代发展背景对企业发展提出的全新要求。在以往的企业经营模式中，企业比较注重与企业经营类目相关的专业人才引进，忽略了数字化技术人才对企业发展带来的积极影响。在此背景下，企业必须拓宽人才引进渠道。

首先，企业可加强与高校的合作，对高校的课程体制提出意见，根据行业发展前景以及未来规划添加更多与企业生产经营相关的教学内容，并与高校签订人才引进协议，保障

高校优秀人才能够稳定向企业输出。

其次，企业可以加强数字化人才引进，筛选一部分具有数字化意识和数字化创新能力的人才，为企业数字化转型提供支持，促使数字化人才与其他部门展开密切的沟通协调，使数字化人才能够为其他部门的工作提供相应的意见和支持保障，企业各部门都能够逐渐向数字化方向转型，加强各种数字化技术和数字化管理的应用，推动企业能够在数字化时代背景下获得发展，最终提高企业的核心竞争力。

参考文献

［1］陈梦琪. 新形势下企业经营管理创新策略［J］. 投资与创业，2023，34（8）：119.

［2］陈婷鸽. 云计算技术发展分析及其应用探讨［J］. 信息记录材料，2021，22（3）：66-67.

［3］程燕茹. 基于财务视角的企业经营管理策略研究——以传统火电企业为例［J］. 企业改革与管理，2023（2）：56.

［4］程一方. 智能医疗的发展与应用［J］. 中国新通信，2019，21（1）：219-220.

［5］丛日玉，高心屹，黄子慧，等. 数字经济研究进展综述［J］. 当代经济，2022，39（1）：15-19.

［6］邓小龙. 领导职能与管理行为探析［J］. 中外企业家，2014（19）：253.

［7］董少杰，滕滨，程宇，等. 云计算技术发展分析及其应用探究［J］. 中国新通信，2021，23（5）：108-109.

［8］杜蕊. 云计算技术发展的现状与未来［J］. 中国信息化，2021（4）：43-45.

［9］方志宁，谢华，张金营，等. 基于微服务架构的统一应用开发平台［J］. 仪器仪表用户，2023，30（03）：93-97.

［10］龚屹东. 云计算技术发展态势［J］. 中国科技纵横，2018（4）：55-56.

［11］龚勇. 数字经济发展与企业变革［M］. 北京：中国商业出版社，2020.

［12］何允雄. 数字化背景下农村经济高质量发展的优势、困境与路径选择［J］. 山西农经，2023（07）：70-72.

［13］胡峰. 大数据时代下企业经营管理模式与发展研究［J］. 中国商论，2018（21）：6-7.

［14］黄如安. 以信息化带动我国企业效益增长［J］. 北方经济，2006（17）：57-58.

［15］霍震. 基于市场营销角度下企业经营管理模式探讨［J］. 中国商论，2018（32）：57-58.

［16］李白. 数字化时代企业核心竞争力研究［J］. 商业观察，2022（28）：37-40.

［17］李秉祥，任晗晓. 大数据资产的估值［J］. 会计之友，2021（21）：127-133.

［18］李步天. 区块链跨链技术的发展与应用［J］. 数字技术与应用，2023，41（01）：16
　　　-18.

［19］李德荃. 企业核心竞争力透视［J］. 山东国资，2023（Z1）：104.

［20］李清泉，李德仁. 大数据 GIS［J］. 武汉大学学报（信息科学版），2014，39（6）：
　　　641-644，666.

［21］李宗民. 基于"区块链+大数据"的企业数智纳税系统构建［J］. 财会月刊，2023，
　　　44（10）：140-145.

［22］梁军. 基于微服务架构的工业互联网的协同办公探索与实践［J］. 智慧轨道交通，
　　　2023，60（3）：91-94.

［23］梁勉. 企业质量管理探索［J］. 企业科技与发展，2013（14）：109.

［24］梁肖. 酒店业数字化转型研究［D］. 北京：商务部国际贸易经济合作研究院，2022：
　　　5-8，24-37.

［25］刘方龙，蔡文平，邹立凯. 数字经济时代平台型企业何以诞生？——基于资源产权
　　　属性的案例研究［J］. 外国经济与管理，2023，45（2）：100-117.

［26］刘光妍. 新时代背景下数字经济推动经济发展的几点思考［J］. 商情，2021（17）：
　　　24，23.

［27］刘红军. 物联网等信息技术下旅游系统创新研究［D］. 贵阳：贵州财经大学，2013：
　　　30-52.

［28］刘品新. 论大数据法律监督［J］. 国家检察官学院学报，2023，31（1）：76-92.

［29］刘秋菊. 数字经济时代企业数字化转型未来可期［J］. 中国乡镇企业会计，2021
　　　（10）：137-138.

［30］罗甜甜. 金融管理在企业经营管理中的应用分析［J］. 中国集体经济，2023（5）：
　　　57.

［31］毛敬玉. 区块链技术在企业互联网安全防护中的应用［J］. 网络安全技术与应用，
　　　2023（5）：103-105.

［32］梅宏. 大数据与数字经济［J］. 求是，2022（2）：28-34.

［33］戚冠原. 新媒体时代背景下企业经营管理创新路径研究［J］. 投资与创业，2023，
　　　34（5）：107.

［34］邵艳. 数字经济赋能企业财务智能化：实现路径与应用趋势［J］. 铜陵学院学报，
　　　2022，21（3）：40-43，65.

［35］孙克. 数字经济［J］. 信息通信技术与政策，2023（1）：1.

［36］谭智. 金融管理在企业经营管理中的运用探究［J］. 全国流通经济，2023（6）：56.

［37］唐贞伟. 现代企业管理模式与经营活动探析［J］. 商业文化，2022，527（2）：42.

［38］王沛栋. 数字经济的发展探析［J］. 中共郑州市委党校学报，2019（3）：30-32.

［39］吴雅茜. 大数据时代企业经营管理的挑战与对策研究［J］. 财会学习，2023，362（09）：147.

［40］徐秋枫. 数字化企业形象设计的新发展［J］. 美与时代（上旬），2013（8）：88-90.

［41］姚琳，代燕. 数字化背景下出版产业经济的发展探究［J］. 现代经济信息，2018（10）：441.

［42］于洪，何德牛，王国胤，等. 大数据智能决策［J］. 自动化学报，2020，46（5）：878-896.

［43］余成洲. 大数据视域下企业经营管理模式的思考［J］. 中国商论，2018（13）：76-77.

［44］张金梅. 企业经营管理模式创新探析［J］. 企业活力，2006（2）：18-19.

［45］张墨涵，王雪英，沈学东，等. 微服务架构技术与挑战［J］. 网络安全技术与应用，2023（2）：3-4.

［46］张伟. 数字经济浪潮下金融业数字化转型的发展趋势［J］. 中国银行业，2022（1）：48.

［47］张亚伟. 区块链对企业管理的影响研究［J］. 商展经济，2023（8）：165-168.

［48］赵秀峰. "倒推"——市场取向的企业经营管理模式［J］. 中国经贸导刊，2001（10）：12-13.

［49］钟昌标. 数字经济与经济学理论创新［J］. 阅江学刊，2022，14（5）：105-108.

［50］周挺. 数字化企业发展研究［J］. 机械制造，2018，56（12）：121-124.

［51］周震，赵红梅. 云计算技术发展历程探究［J］. 信息通信，2013（6）：111.